- profile 1 -

喫茶茶会記

巻頭言

- Profile -

本書はアートスペースを併設している喫茶店、「喫茶茶会記」で活動されている方々のプロフィールの編纂集です。

今日（こんにち）、フライヤー等にあるプロフィールは一般的に履歴書的であり己の表現形態に迫るようなものではないものが多い、

そのようなことに常日頃、考えています。

ただし、己に迫る文章をとなると、どうしてもキャッチコピー、自叙伝の簡略バージョンになりがちです。

このような現状を把握したうえで、少しでも私が信じるところの真正のプロフィール =/ プロファイル集を展開できればと考えました。

本書内では Profile を「プロファイル」と呼称させていただきます。

先人による事例もあると思いますが、このような試みが茶会記のみならず、伝播されれば幸いです。

リスキーな試みではありますが、喫茶茶会記１０周年ということを盾にここに刊行（敢行）させていただきました。

お世話になっている演者様を軸とした執筆各位による自由奔放なプロファイル。

展開されています。

風合いもお楽しみください。

多種多様なる気風をお許しいただき、是非、書棚に入れていただければ望外の喜びです。

目次

1 ‥‥‥ 能見誠
5 ‥‥‥ 田中悠宇吾
9 ‥‥‥ Primary Jazz Server
10 ‥‥‥ 大原とき緒
13 ‥‥‥ 成瀬紀子
16 ‥‥‥ 伊藤満彦
18 ‥‥‥ 大野慎矢
25 ‥‥‥ 白石雪妃
28 ‥‥‥ 成田正延（成田屋古漫堂）
31 ‥‥‥ 喜多尾浩代
34 ‥‥‥ Primary Jazz Server
35 ‥‥‥ あがさ
39 ‥‥‥ 荻野祥茂
41 ‥‥‥ 志娥慶香
44 ‥‥‥ 小野文子
46 ‥‥‥ 川嶋菜穂子
48 ‥‥‥ 前澤秀登
51 ‥‥‥ あやちクローデル x イーガル
54 ‥‥‥ Margtica
57 ‥‥‥ 山田あずさ
61 ‥‥‥ 新井麻木
65 ‥‥‥ 蛭子健太郎
68 ‥‥‥ Primary Jazz Server
70 ‥‥‥ 吉本裕美子
77 ‥‥‥ 三好宜史
81 ‥‥‥ 相田えいこ
83 ‥‥‥ 由良 瓏砂
86 ‥‥‥ 米澤一平
89 ‥‥‥ Barbee Mako
91 ‥‥‥ 本田万里子 HIKKI(ヒッキー)
95 ‥‥‥ 大塚 deiv 治
98 ‥‥‥ bozzo
100 ‥‥‥ 春日玲

- 102 ····· 坂田明
- 104 ····· 上田晃之
- 107 ····· 深水郁
- 109 ····· Primary Jazz Server
- 111 ····· 里中卓
- 125 ····· 木野彩子
- 128 ····· 田中亨
- 131 ····· 金子雄生
- 134 ····· 荒野愛子
- 136 ····· 聖児セミョーノフ
- 140 ····· 夜光
- 143 ····· 佐藤由美子
- 146 ····· Primary Jazz Server
- 147 ····· 86B210
  (ダンスアバンガルドデュオ)
- 149 ····· 大河原義道
- 151 ····· 赤羽卓美
- 153 ····· かもめんたる
- 156 ····· JOU
- 158 ····· MIYA
- 160 ····· 村田亜樹
- 162 ····· 松本ちはや
- 164 ····· 松峰綾音
- 169 ····· 山田真介
- 172 ····· MAHA
- 175 ····· 高橋由房
- 177 ····· 上原英里
- 179 ····· 片岡一郎
- 181 ····· Primary Jazz Server
- 183 ····· 松本充明
- 186 ····· 梅嶋隆
- 188 ····· 西川祥子

五大に皆響き有り、十界に言語を具す。
　六塵悉く文字なり、法身は是れ実相なり。

　この世界を構成する森羅万象悉く、存在するものすべてが、真理を語る言葉であり文字に他ならないという。

　真理が何であるかはさておき、綜合芸術茶房茶会記のディケードが集積した、人の文様をこうして眺めてみると、そんな空海の言葉が浮かんできた。

　五大とは、地・水・火・風・空。茶会記で繰り広げられているあらゆる芸能、表象はそれぞれ独自の属性をもった森羅万象の如く。そこに集うは、地獄・餓鬼・修羅・人・天・声聞・縁覚・菩薩・仏の十界の住人とも云えようか。

　それぞれに、何かを語る響きがあり、そして、茶会記に記述されているのは「色・声・香・味・触・法」、我々の感覚に訴える、所謂、六塵なのかもしれない。

　四谷三丁目のアスファルトが途切れた異界にて、天網恢恢疎にして漏らさず、究極の仏性たる大日如来なのか、店主である福地さんの掌の上で、茶会記のイベント主は、日々、夜の質感をもって暗躍するのだ。

赤羽卓美

綜合藝術茶房 喫茶茶会記 profile

能見 誠

喫茶茶会記店主より

能見さんはオールジャンルに通じる仕事師であり、並行して、喫茶茶会記では開明的なイベントをされています。
本格的な神父様をお呼びしてての挙式、バイクを持ち込んでの排気音とのコラボレーション。
自然の営みとのセッション。激しくも慈愛のある自由精神を茶会記に持ち込まれております。

綜合藝術茶房 喫茶茶会記 profile

13歳、広島で、コントラバスに出会い、ずっと旅をしている。初めてコントラバスと出会った時、私は、まだ背丈も伸びきっておらず、音楽は好きではあっても、コントラバスの魅力があった訳ではない。ただこの得体の知れない大きな楽器。手にした時、木の温もりを感じ、この大きな楽器は、まるで、精霊のように自分を守ってくれるような···ずっと触れていたいと、感じる。

コントラバスは、持ち運びには、不便な楽器ではある。音だって決して派手ではない。

しかし、私にはむしろ、その事が魅力で手にしていると、他人を、圧倒出来る擬態効果もえられるし、単純な、音に一つで、楽しめる恰好の一人遊びの、おもちゃになったのである。

自分の成長と共に、(その後、年15センチのスピードで身長が伸びる。) コントラバスの、魅力に目覚め、向学心と大きな夢と共に上京。以来数十年間、数えきれないコンサート、ライブをコントラバスと共に経験し、数えきれない街を訪れ、数えきれないお客様、アーティストに出会わせてもらった。

そんな中、友人のライブサポートで茶会記に訪れる。初めて中に入った時、木の温もりがあるこの空間は、心地よく、まるで初めてコントラバスを手にした時と同じ感覚を覚えた。私だけではなく、コントラバス自体とも相性が良いスペースかと。

共演した友人の出産、子育ての、都合でレギュラーを譲り受ける形で、茶会記での創作活動がスタートするも、当初は、困惑していた。

これまでも私は、ライブハウス、コンサート会場、いずれもエンターテイメント性の高い場所で、いわゆる整った場所が多く、茶会記のような、自由ではあるが、見方よれば殺風景で、芝居小屋のような劇場空間での経験はあまりない。

困惑を解決するため、質の高いゲストプレイヤーを招聘し、いろんな形でライブを試みる。

尺八奏者、ブルース・ヒューバナー氏、カリンバ奏者、ひろゆき氏、など、独特の、世界観を持つアーティストとの経験。

しかし、困惑は未だ消えずと言った状況。

別に、ここで、やらなくても・・・

と言う気持ちがいつも私にはあった。
そんな、ある日、もう3年前になるが、音楽関係者の紹介で国際貢献ボランティアをやっている才女との会食前の、待ち合わせ場所として、茶会記のカウンターを利用した。その才女、思いのほか、茶会記がお気に入りになり、その後の会食中も、茶会記の話持ちきりで、私の演目も聞かず、次回のライブには必ず行くと、言った様で、ここまで、ひきつける、茶会記の空間の、魅力とはなんだろう、と、

後日、この才女から想像つかない演奏依頼が舞い込むのである。
それは、茶会記での、結婚式、結婚式を挙げたいと言うのだ。式自体を！
プロテスタント形式で、正式の牧師(新婦の父)による厳粛な、式典。茶会記初。(披露宴ではありません。)
そして入場からの演奏全てを、私のみ、コントラバスソロで行う、と言う。
想像もつかない事で・・・
木の温もり、コントラバス、結婚式、茶会記、国際貢献、いろんなキーワードをカクテルする中、私は、ある新しい、作品アプローチを創り出した。

創作表現 (Creative expression)
と言う、社会芸術を基調とするアート作品の手法で、これは、オリジナルで茶会記発祥である。
この独自手法を用いて結婚式の、演奏を作りえたのである。

その後、正式作品として、翌年、1月創作表現 Wood beings 生きるを提案。

コントラバス、茶会記、これを、wood= 木が生きる、を、テーマに、お客様と共に、アート作品を構築した。ここに、志願参加してくれた Yukko は、その後、伊勢神宮 への奉納演奏に呼ばれる程の結果を作り、Aya は、舞踏

の世界で、存在感を表し始めている。創作表現は、表現者、鑑賞者の、無意識に、語りかける作品でもあり、創造物そのものに心動かす事と同時に、表現者の創作そのもの刺激を与える作品でもある。そして、友人で、国際的に活躍するアーティスト、ジェーム・ズジャック氏が参加してくれた事も、大きな結果であった。この作品は、さらに成長し、ライブ会場にフクロウを招聘する作品となる。

以後、茶会記では、この手法により様々な、作品を提案し続けている。

グラフィックデザイナー、大塚治氏、フクロウ茶房、ベリーダンサー、まこ、など多彩な共演者たちと、未来に出会う逸材たちと、茶会記と言う空間で、これらも創作表現を、覚醒させていくだろう、コントラバスの可能性をこれから探求しながら孤独の旅は、続くのである。

綜合藝術茶房 喫茶茶会記 profile

田中 悠宇吾

喫茶茶会記店主より

田中悠宇吾さんは私の企画イベントでも活躍されていて、茶会記のレギュラーメンバーではインド音楽の筆頭の方です。ラーガという旋法を大切にした誇り高き音の語り部。

綜合藝術茶房 喫茶茶会記 profile

たぶん、人生で最初に音楽が人を救うところをみたのは幼少の頃、離婚した直後の母親の姿だったと思います。
幼い自分にとってそれがなんなのかを理解する言語を持ち合わせていなかったのですが、それがその時、母親に必要なものということはわかりました。

僕には父親も兄もいません。
母親と妹と3人家族で生まれ育ちました。
男の背中を見ることがなかった幼少期を過ごしたからか、
小学校以降、まわりの男友達との微妙なノリの違いに
少しずつコンプレックスを感じるようになっていきました。

その反動からか、より漢くさい音楽を好むようになっていきました。
人が人の上を狂喜乱舞しながら舞い飛ぶ世界では、
音が鳴り止まない限りアドレナリンは出続け、
全ての痛みを忘れさせてくれました。
仁義と喧嘩の強さと上下関係の漢くさい世界の中で、
見ることのなかった父親の背中に憧れて、音楽にそれを求めていたのだと思います。
その世界にいるうちにコンプレックスだったものは、
偏った男像とともになくなっていきました。

心の歪さを少しだけ修正された僕は、
漢くさい世界を離れ、自分の求めるものを探して彷徨いました。
音楽史の上を右往左往する中で最も心に響くものがシタールでした。
その時の自分には、その全てが世界で一番カッコ良くみえました。
夢中で追い求めるうちに気がつくとインドにいました。

何もかもが予測不能なインドの暮らしの中で
音楽だけは揺るがず、混沌の景色の中で純粋に鎮座していました。
カオスであればあるほど、その純粋性を増していくような音楽の有り様に
いつしか僕は捕らわれていきました。

綜合藝術茶房 喫茶茶会記 profile

師とともに生活する修行の日々は、その貪欲なまでに純化された師の音への探求心を毎日傍で見せつけられ、自分の未熟さをひたすらに思い知らされる毎日でした。
ここでは音楽は祈ることであり、祈りはただただありふれた日常の中に揺るがず純粋に行われていました。
知らなかった。純粋な祈りと言うものを。
知らなかった。祈りの音楽のえげつないくらいの格好良さを。
いつしか僕は捕らわれて離れられなくなっていました。
と、ちょっと綺麗すぎる文章でここまで進めてしまい、
僕のキャラ的にむず痒いのですが、先生の音楽に対する真摯な姿勢、
めちゃくちゃ純粋な人柄、毎朝の祈りの時間を経て、僕なんかに授けてくれた音の欠片に対して、
姿勢を正して正面から受け取ることが僕にできる唯一のことなので、
むず痒さも甘んじて正面から対峙しようとオモイマス。

まあ要するに、千年単位で流行り続けている音楽の圧倒的な説得力を前に
想像を遥かに超えてめちゃめちゃ心にグッときたってことです。

インドの伝統のウンチクはさて置き、
音は人類が楽器を発明する前からこの宇宙に存在していて、
宇宙の構成要素の1つとしてこの宇宙にもともとあったもの。
根源的に存在していた超自然物である音というものにアクセスするのに
適したインターフェースとしてインド古典楽器であるシタールを用いています。

昼と夜、季節を作り出す太陽と、潮の満ち引きや生物の産卵などに影響している月、それ以外の惑星も地球上の生物に影響しているということを解明していく学問である占星術の未知科学的側面への興味から、占星術と音楽の相互影響を考察する定期企画"点の記譜法"を主催しています。こんな偏った視点の謎な企画を主催側の探求純度を保ったまま続けさせて頂ける

のは、茶会記のおかげだと感謝しております。

茶会記との出会いのきっかけは、以前、茶会記の副店主だった彼が彼の企画にオファーしてくれたのが始まりです。
彼の繋げてくれた縁でたくさんの仲間と呼べる人たちとも出会えました。
直観的、感覚的なものを論理的に思考する癖があります。
科学も非科学も自分の目線で納得したものは違いなく扱います。
幾度となく音楽に救われてきた人生です。
そんな若輩者です。
田中 悠宇吾(ゆうご)と申します。

Primary Jazz Server Since 1998/3/9
喫茶茶会記店主　福地史人

コンピュータ関連の仕事をインターネット元年より5年前から携わり合理主義一辺倒に参与している。

そんな中で

勤めている会社のサーバーに自己HP(primary jazz server)をたててグローバルに展開している。
展開といってもアクセスはほとんどゼロ。

並行して「本質」「感動する音」とはなにかいつも考えている。

1998/3/9

綜合藝術茶房 喫茶茶会記 profile

大原とき緒

喫茶茶会記店主より

とき緒さんはエレガントで幽玄的な風合いであり、事実、作品もそのような感じです。

しっかりと人徳に見合った「TEAM とき緒」(店主が勝手に命名) も編成、PR もされていて

社会的、行動的側面もあり強い女性。

とき緒さんの特質は「幽玄的フェミニズム」であると考えています。

元々、わたしは役者だった。

1番最初の作品『緑薫・・・』は、役者仲間と創った中編。女性の心のひだひだを描きたいと思った。アパートの1室で、役者3人だけ。PC も持ってなくて、編集はビデオデッキとカメラでやった。それが結構、うけた。

2作目は、能「松風」をモチーフに能を映画で表現しようとした短編『MATU☆KAZE』。能に登場する亡霊となって恋人を待ち続ける女性達は、皆、可愛らしくいじらしく、"恋慕の情"を描きたいと思った。美しいモノクロームの桜の映画。観終わった外国人達は、「What?」と叫び声をあげた。

前作に引き続き、女性の部屋三部作のひとつ。"女性の部屋は、女性の心をあらわす彼女自身である"

3作目は、1分半の『I ask U』。誰かが誰かに何かを訪ねる短編を何十本もつなげていこうというプロジェクト。

そして、7年のブランクを経て、渾身の力を込めて撮った『ナゴシノハラエ』。たくさんの出会いがあって、撮れた長編。完成までの間に、短編2作を撮っているから、6作目にあたる。女性の部屋三部作のラスト。子供が親を成長させるように、この作品のおかげで、たくさんの出逢いと成長をいただいた大事な作品。兄妹の恋愛の話だけれど、近親相姦がなぜいけないのか？女性の性についても、深く見つめた作品。

4作目の短編『Futaba』。10人の監督がひとりのアーティストの曲を使って15分の短編を創るという試み。パリに住む恋人を想いながら、東京の中のパリを歩く男の子。知り合うことを余儀なくされた男女が"Tokyo の中の Paris"をぐるぐる回る。メリー・ゴー・ラウンド＝永遠の追いかけっこ。

3.11の後、長い間、気持ちが落ち込んでいた。手元にあった未完成の『ナゴシノハラエ』をどうにか上映することが出来たら、植物が萎れるように、はかなくなってもいいと思った。

けれど、ある日、ヨガの先生の言葉がきっかけで、世界をもう一度、見つめたいと思った。その先生も決して強い人ではなく、生い立ち、DVによって、うつ病を患った過去があり、日によって不安定なところのある人だった。それまで、人を助けるには自分自身が強くないといけないと思っていたけれど、弱い人間だからこそ、人を助けることもできると気付いた。

その後、急に田植えの短編を撮ることが決まり、田んぼに通い、土に触れるうちに、生きる力を取り戻していった。5作目の『早乙女』は、震災の後に感じた無力感、絶望感と共に、田植えの一日を通して、生きる力を取り戻していく男女の姿を描いた。

『早乙女』が姫路での国際短編映画祭で上映されたおかげで、現在に至る姫路との繋がりや、海外の監督との出会いをいただいた。

映画に助けられて、何とか立っている。

映画のため、女性のために、何か返してから散りたい？？

成瀬 紀子

喫茶茶会記店主より

写真家の野﨑晶子さんが紹介してくださったベネズエラ音楽始祖の方。数々の仲間を見出してくださっています。茶会記が比較的不得意なワールド系音楽の要諦であり感謝しています。リーダーユニットにはヴォイスパーク、カフェネグロがあります。
因みにヴォイスパークの銘々はわたしがさせていただきました

綜合藝術茶房 喫茶茶会記 profile

　1983年春、私は、中米コスタリカに在住していた。どんな時代かというと、例えば、首都サンホセの自宅のテレビでは、毎週、日本のテレビドラマ「西遊記」を放映中で、夏目雅子氏の三蔵法師と、境正章氏の孫悟空のセリフがスペイン語に吹き替えて話され、ゴダイゴのガンダーラが主題曲であった。また台所ではラジオから、毎日サルサが流れていた。

　サルサは、1959年に起きたキューバ革命のため、アメリカ在住のキューバ人が祖国に帰国できなくなり、キューバのリズム「ソン」とジャズが融合し、その結果ニューヨークの音楽シーンで生まれた、新しい形態の音楽という説がある。その後、1970年代に爆発的に流行し、世界に広まった。

　私は、高校生時代には、軽音楽部で、その頃流行っていたセルジオメンデスや、ジョビンなどをドラムで叩いていたが、それまで、ラテンといえば、マンボ、サンバ、ボサノバ、タンゴ、フォルクローレ等、と思い込んでいた私は、10余年後初めてサルサを聴いて、衝撃を受けた。な、な、なんだ！この音楽は！

　コロンブスのアメリカ大陸発見後、植民地時代を潜り抜けて、中・南米の国々には、その国独特の音楽が生まれた。それもそのはず、先住民、侵略者（移住民）、奴隷民、その混血等の音楽、土着民俗音楽、西洋音楽、等々、数えきれない要素が絡み合っているのだから。「サルサ」を知ったことが、私のパーカッショニストとしての原体験となっている。

　その後、メキシコ、スペイン生活中に、現地の音楽に直に触れ帰国後、8年間パーカッションを学び、リズムについてさらなる修行の必要性を感じ、2年間の受験勉強を経て、音大に入学。当時は、合計1年間ほど滞在した南米・ベネズエラの音楽も演奏していたが、音大卒業時は、もはや中年の域を過ぎていた。同級生は前途洋々の若者たち。一体、これからどういう方向性で自分自身の音楽人生を歩むべきか・・・？　だが、その頃の私には方向性など考える余裕もなく、ただ目の前にある課題を淡々と、そしてガムシャラに演奏していた。

　そんな折、「茶会記」で、開かせていただいた演奏会が、プロとしての第一回目の演奏であった。ベネズエラ音楽で、ヴォーカル（及びフルート、4弦ギター）と私のデュオ。グループ名は茶会記の店主、福地氏に名づけていただいた。その名も「VoiceperC」（ヴォイス＋パーカッション）。今、

あの日がプロとしての第一歩、と思えるのは、「ヴォイスパーク」として演奏したことが、確かな礎となっている。

　現在、新たに和太鼓、タブラを、某師匠に師事し学んでいる。私のパーカッションについての好奇心は涸れることが無い。新たな分野を加え、これから、どう熟成されていくのか？　私の修行は、これからも延々と続くのである。

綜合藝術茶房 喫茶茶会記 profile

喫茶茶会記店主より

伊藤満彦さんはコンテンポラリーダンスを美しく魅せるディレクターでもありダンサーです。
喫茶茶会記は10年をこえますが、新しい異空間的ムーブメントを伊藤さんから感じます。
東京。TOKYO。都市の夜に繰り広げられるイリュージョンを。

すべからく疼く内的要因外的要因を無終の肥の如くダプーンと貯めて行くタプーンと貯めて行く。
内より肥に肥を掛け大外より刮ぎ取ったり鉋で削ったりしながら天上へ放り投げ濾す直下へと噴霧する
トンカントンカントンカントンカンしながらその肥に彩色をする煮もするし焼きもする。塩を加え、また肥溜めに戻し恐らくは魔女の使うあの棒に似たもので掻き回す。火を付けてまたニヤニヤしながら塩を入れ或いは砂糖を入れ魔女は棒を掻き回す。クミンも足すだろうし、コチュジャンも混ぜ込むかもしれない。イェーガーは足すだろうし、その際僕はビールを飲んでいるだろう。そのグラスを勢い良く叩き割りまた加える。正札付に吾妻八景、Goldberg Variations、London Calling、秋刀魚の味なんかも足す。ブリューゲルに雪村も足せる。だんまりと色々。引いたりもする。
掻き回す傍に零れた滴からは白鷺が顔を出したり、フラミンゴが帰って来たり出入りしている。
ねるねるねるねという駄菓子を思い出す。練れば練るほど色が変わるそうだ。味は変わらなかったのだろうか？
アッチャコーコッチャコー
母が僕に言う
アッチャコーコッチャコー
肥に良いも悪いも無く
新鮮に肥を求めつつ
溜めては吐いて溜めては出して、、練れば練るほど色が変わって美味いとは
肥を蒔けば蒔くほど香りが立って美味いみたいな事なのだろう
納豆だとかペヤングだとかカクテルだとか炒り胡麻をゴリゴリするだとかそんな事なのだろう
蝉が鳴くなか昼から夕暮れにかけ流れるプールの色を変えて行く
カルキ臭を伴いながら爽やかな倦怠感を身体に得て帰り掛けに氷砂糖を一欠片貰い口に含んで歩く
その道程に橋掛りを見つけまたお互いに目を見合わせる
そちらでも無くこちらでも無く
肥料なれと毒なれと電気なれと建材なれと何れにせよ肥の可能性が増えよとニヤニヤニヤニヤしつつ誰しもが肥溜めなのでニヤニヤニヤニヤと道程に歩は進まる
そちらでも無くこちらでも無く

綜合藝術茶房 喫茶茶会記 profile

大野慎矢

　　　　　　　　　喫茶茶会記店主より
　大野さんは一貫して山村暮鳥を追い続け、一貫してブルガリア音楽も追い続けている求道者です。
　テーマへの一貫した探求は目を見張ります。
それらの所作に担保された、音の強度は好き嫌いを凌駕します。

うたのとぐち
　〜茶会記十周年に寄せて〜

つりばりぞそらよりたれつ
まぼろしのこがねのうをら
さみしさに
さみしさに
そのはりをのみ。

　　「いのり」

　この詩に出会ったとき、私は二十二才頃で詩や散文を毎日のように書いていた。当時、図書館によく置かれている全集的なものを借りて来ては、ぱらぱらと駆け足で目を通し、霊感にひびく詩を探すというようなことをやっていた。私は戦後からの現代詩よりは、明治、大正から昭和初期のものとウマが合ったのだった。
　画家を志している友人と詩を書いては見せ合い、お互い学歴の無いもの同士で一丁前な批評などしながら、自主制作で二冊の詩集を作った。今ではとても恥ずかしい代物だが、良い思い出でもある。
　いま振り返ると、その頃書き散らしていたそれらは、とにかく気の向くまま、いたずらに綴ったものばかりだったが、ごく稀に見逃せない光るものも含まれていたように思える。

先に挙げた詩は、山村暮鳥（やまむらぼちょう）壮年期に生んだ詩集『聖三稜玻璃』の巻末に収められている詩である。詩的実験に満ち溢れた、この詩人の人生において最も野心に富んだ時期であった。

　私はこの「いのり」という詩を、やはり図書館の全集から数多ある詩人の内の一人のものとして見たのだったが、まるで短歌のような、わずか五行の平仮名の詩は、やがて自分の中にじわりじわり浸食していくこととなった。私はいつの間にか、この言語世界に愕然とし、虜となってしまっていた。そしてごく自然の流れで、この詩人の他の詩も探すようになった。

　そんな時期に、母が逝ってしまった。脳の発作で前触れもなく、突然だった。死に目にも遭えず、しばらく実感を持つことが出来なかった。否、今でもまだ実感を持てないままでいる。

　母とは一緒に商売をやっていた。私は母の夢に乗っかったのだったが、母は必死になって夢を咲かせようとしていた。商売の方は浮き沈みがあるものの、まずまず順調であったし、私も母や周りの皆から将来を期待されていた。

　けれども、母の不在により私は商売をまったくやる気が無くなってしまったのである。というよりはむしろ、正直なところ解放されたような気分でいた。

　私は物心ついた時分から音楽をやっていたが、それは所謂地下音楽で、身近なひとたちに聴かせるに過ぎなかったが、音楽なしではいられなかった。二十才を過ぎて母と商売を始めてからも、商売に集中する事ができず、いつも傍らで音楽や詩を作っていた。

　母が必死に咲かそうとした夢の舟は、私が同乗して漕ぎ出したのだが、その私の怠惰と趣味と、母の死とによって、暗い海の淵に沈んでいったの

だった。

　母が亡くなって一週間もしたころ、私は雑事にもみくちゃにされながらも、呆然としていた。心身はバラバラになっていた。
　ふとアコースティックギターを取り出して、なにか口ずさもうという気になった。これまで歌というのをちゃんとやったことがなく、自分はいつか歌わなければいけない、と思っていた。
　暮鳥の詩に呼ばれた気がして、詩集をめくった。歌いたがっている詩が照らされてゆくような気がした。窓からは光が射していた。
　二、三日の間に十以上の詩にメロディが充てられ、曲想が付けられた。いったい、どうやって歌ったら良いのか検討もつかなかったが、とにかく歌っていくしかないと思い、まずは協力してくれそうな面々を集めていった。それから、詩人の実子を探し出し、連絡をとった。
　暮鳥の次女である千草さんはその頃九十才位であったが、快く電話口に出て下さった。
「すてきなメロディをつけてくださって、ありがとうございます。」
そのしわがれた、深いあたたかい声は今でも私の脳裏で変わらずに再生されている。そんな千草さんも数年前に旅立たれてしまった。

　そんないきさつを経てから私は、「山村暮鳥のうた」という名を冠しては、編成を変えながらも十年あまり人前で歌いつづけている。そのレパートリーのほとんどは、初めの二、三年の間に生まれたもので、少しずつ新しい詩も唄にしながら、できるかぎり季節ごとの詩を取り上げて歌ってはいる。
　歌い、奏でてゆくたびに、その詩への溶解は深まってゆくばかりで、ただただ有り難いことと思い、やっている。

山村暮鳥の詩は、今の時代においてさえまだ広くは読まれていないようだ。実際、私の周辺で暮鳥を敬愛しているというひとに殆ど遭ったためしがない。寂しいことではある。
　もちろん一部では、熱烈な愛好家や、研究者の方々が脈々とその系譜を繋いでおられる。
　詩人の生きた当時、その斬新で奇怪な表現、幾度も鮮やかに変遷してゆく詩風、その上でも貫通せられる世界観は、目に余る曲解や憂き目に遭ってきた。けれども、その理解の無さというものは死後九十年を過ぎた現在もなお、本質的に大きく変わりのないようにさえ思える。

　暮鳥は結核の果てに四十才で逝くのだが、その病床で最後の校正を終えたのち、力尽き、死後すぐに詩集『雲』として出版された。所収の詩からひとつを挙げる。

　　いつとしもなく
　　めつきりと
　　うれしいこともなくなり
　　かなしいこともなくなつた
　　それにしても野菊よ
　　真実に生きやうとすることは
　　かうも寂しいものだらう

　　　「いつとしもなく」

広く共感、浸透を得るものだけが深い表現ではない。浸透され得ないものにこそ、また人間存在の葛藤と真実の一片があるようにも思える。

暮鳥の詩には、ウタを呼ぶ韻律があり、オトを誘う心象がある。

最後に、暮鳥研究において第一人者である和田義昭氏の、詩人についての文章を一部引かせていただく。

暮鳥は天才でも潔白な人間でもなく、極めて平凡な人間であつたに過ぎない。ただひとよりは多く人生の苦杯を嘗め、常により深く生を追求した人間であつたことだけは云える。彼ほど苦悩と宿痾と貧困の中で必死にその生の現実に喘ぎながら文学を創造した人間は稀であろう。

　　　和田義昭『山村暮鳥研究』より

私の、この活動とも呼べないような拙い動きは、心身のかぎり継続してゆこうと思っている。

追記

偶然のつらなりで、この茶会記という場に出会うことができた。
まさにこの表現を続けるのにうってつけである。お店には迷惑かも知れないが、しばらく道連れになっていただこうと思っている。
理屈っぽいのを承知で言おう。

人が場を選ぶのではなく、場が人を選ぶのだ。
茶会記に選ばれた私は幸せである。

『うたのとぐち』主宰
「山村暮鳥のうた」大野慎矢

白石 雪妃

喫茶茶会記店主より

ありとあらゆる要素にすべての感覚器を対応させていくのが発信者、受容者問わない藝術に携わる者の使命である。

過去のように、ゆっくりと時間が進み、多様化がされていない長きの時代は物事に集中できた。

それ故に圧倒的普遍的な作品が生まれたが、今は時代が違う。苛烈な守るものと攻めるものの鬩ぎ合い、そんな時代と位相を合わせざるを得ないのが現代人の宿命だと考える。

白石雪妃の美しい挑戦、いかに移りゆく与えられたフレームの中で最大限の美を出し切るか。

そのことを常に彼女は考えている。

私のジャズと書道のコラボの原点は、喫茶茶会記での松井明彦氏との、ジャズと書道の即興の共通性についての対談だった。
きっかけになったのは、マイルス・デイビスのアルバム「Kind of blue」に書かれたビル・エバンスのライナーノーツである。
「芸術家が自発的にならざるを得ない日本の視覚芸術がある。芸術家は極薄い紙に特別な筆と黒い水（墨）を使って描く際、動作が不自然になったり中断されたりすると、線は乱れ、紙は台無しになってしまう。消去や修正は不可能だ。芸術家は熟考が介入することのできない直接的な手法を用いて、手と脳のコミュニケーションにより瞬時にそのアイデアを表現させるという特別な鍛錬を積まなければならない。」
だから生に勝るものはないと思っているし、模倣はできても藝は盗まれない。
書は「一回性」のものであるから、醍醐味であるワクワク感に任せようと思っても、瞬時に対応できる手がないと不可能である。だから的確な確実な準備を怠ってはならないのである。それゆえ、全てにおいて相思相愛が成り立つのである。いつ求められても応えられること。
「藝に遊ぶ」という言葉があるように、教養が増えれば増えるほど表現の幅も広がる。そしてそのうち、ちょちょいと書いてよ、バーンとちょっと書いてよ、と言われ始める。
「楽に見えれば一人前」である。表面は白鳥のように優雅でも足元は必至でもがかなければいけない。

「書はひとなり」私の人生は常に書にあらわれる、という覚悟。

地域に生きて社会に貢献して人と繋がって世界と繋がって、持続可能な融合を追求しながら、日本に生き続ける。全てに感謝。

白石雪妃プロフィール
幼少より書に興味を持つ。22歳で師範取得。瞬時に心をとらえる線と空間を追求する。伝統的な書の世界を伝えつつ、独特のスタイルを持ち、音楽や芸術とのコラボレーションなど、書道を総合芸術として昇華させる独特の世界観は高く評価されている。海外でも積極的に活動し、生演奏との融合から生まれるライブ書道は世界中で多くのファンを魅了している。
2014FIFA W杯日本代表新ユニフォームのコンセプト「円陣」揮毫。
ミャンマー連邦共和国の国軍司令官公式訪問において椿山荘にて揮毫。

綜合藝術茶房 喫茶茶会記 profile

パリや NY でも個展をし、2014 年にはフランスで 10 ヶ所に及ぶライブツアーを成功させ、NY ではグラミー賞を受賞した Maria Schneider Orchestra のメンバー Jay Anderson(b), Frank Kimbrough(pf), Gary Versace(accordion), また Gil Evance Project の Adam Unsworth(hr) と共演を重ねる。2016 年には在アメリカ合衆国日本国大使館 JICC にて個展、パフォーマンス、レクチャーを行う。また、日本を代表するジャズピアニスト石井彰カルテットと共演、書家として初めてモーションブルー横浜に出演した。

ダイナース銀座ラウンジやホテル日航東京で個展、グランドハイアット東京、日本橋三越、新宿伊勢丹などホテルや百貨店でのイベントにも多く出演している。

自身が手掛ける、持続可能なコラボレーションを追求する「二人展」で生まれたアクセサリーブランド 〜 en 〜 縁 は、デザイナー「RYONA」によるアクセサリーと書のコラボで、渋谷ヒカリエやアベノハルカス近鉄本店などを経て、様々な会場で展示販売されている。

映画「かぐや姫の物語」の演奏担当した古箏奏者:姜小青他、浅草ジンタ「銀盤」、類家心平（RS5 ｐｂ）「ＵＮＤＡ」CD ジャケット制作。

四谷三丁目 喫茶茶会記 書道サロン主宰、表参道書道教室講師

綜合藝術茶房 喫茶茶会記 profile

成田 正延
(成田屋古漫堂)

喫茶茶会記店主より
成田さんは茶会記蓄音機サロンを主宰されています。常備の蓄音機は茶会記唯一の借用機器であり成田さんのものです。
常にメンテナンスを施され安定稼働しています。そのご縁で新潮社の小林秀雄の担当であった池田先生のイベントも実施されました。
茶会記の誇り高きイベントを持続されています。

「壊れた蓄音機のような」という慣用句があります(ありました)。音溝が傷んだレコードを調子の悪い蓄音機でかけると、同じフレーズをノイズの入った大きな音でフラフラしたスピードで何度もリピートします。それを「(時代遅れの)同じ話を大声で繰り返し語る困った人」に例えた言い回しです。

一般的な蓄音機に対するイメージというのは、たぶんそんな感じなのかなと思います。しかし、きちんと整備された蓄音機で状態の良いレコードをかけた時の音、特に歌声や弦楽器の音色は、まるで歌手やプレーヤーが蓄音機の前で歌い演奏しているかのように聴こえることがあります。そのような稀有な音響体験をできるだけ多くの皆様に体験していただきたいと思い、たまさか紹介されたこの場所(喫茶茶会記)で7年前から「蓄音器サロン」というイベントを開催しております。

私が使用しているのは日本ビクター製の「ビクトローラ VVJ4-3」という国産の機種で特別高価なものではありません(発売当時でも分割払いで会社員が購入できた機種です)。しかし初めて茶会記でレコードをテスト再生した時、音色に何とも言えない豊かな広がりが感じられ

「この蓄音機はここでレコードをかけるために残されていたんじゃないか?」

と半ば本気で思ったものです。茶会記のイベント用の L-Loom は一般的なクラブやライブハウスなどの音楽用イベント・スペースよりも天井が低く、床も板張りですが、そのことが蓄音機の音響にとても良い効果を与えてくれるように思います。蓄音機の外側は、かなり厚みのある無垢の板でできており結構な重量があります。動かすのは大変ですが、店主の福地さんのご厚意でお店に常駐させていただいています。

この蓄音機は製造から既に90年経っていますが、しっかりメンテナンスしてやれば、まだまだ十分良い音を響かせてくれます。かつての日本も、戦争を始めるまではこのような蓄音機でたくさんの人たちが音楽を楽しんでいたはずです。しかし大陸での戦争が泥沼化し太平洋でも戦争が始まるとレコードは「ぜいたく品」となり、蓄音機でレコードを楽しむことは「時局に合わない」行為とされ、ジャズのレコードは「適性音楽」として売ることも買うこともできなくなりました。やがて空襲によって、たくさんの人たちの命と一緒に多くのレコードと蓄音機も失われてしまいました。

戦後に残った蓄音機も復興期には、ラジオ付きでレコードを電気で再生する「電気蓄音機（電蓄）」に、さらに高度経済成長期以降は「ハイファイ・オーディオ」に買い換えられ、時代遅れの機械として多くが廃棄されました。今残っている蓄音機はそのような歳月を経て、古いレコード音楽を愛する先人たちによって残されてきたものなのです。

レコード紹介のために戦前、戦中、戦後の音楽や文化を調べていると、さまざまなことが分かってきます。「蓄音機サロン」では各時代のレコードが発売されたときに、当時の人たちがどのようにレコードを聴いていたか、時代背景もできるだけ調べてお伝えするようにしています。これからも音楽だけでなく、その時代の空気や雰囲気といったものも含めて聴いていただけるような会を続けて行きたいと思っております。

以上

綜合藝術茶房 喫茶茶会記 profile

喜多尾 造代

喫茶茶会記店主より

浩代さんは比類ない高度なトランスペアレンスな意志で「夜の質感」を標榜している喫茶茶会記では通常設定していない朝のイベントも発起されました。
浩代さんの開拓者精神に感動しています。
写真は協力された Nami Hirao さんによるものです。

綜合藝術茶房 喫茶茶会記 profile

　肉体知が突き動かす身体感覚を基点とした モノやヒトと交感してゆくプロセスを重視して、観る側にも感覚が発生し 空間に感覚が拡がることを狙いとした 表現行為を「身体事」と名付け、国内外の様々な環境において パフォーマンスやワークショップに取り組んでいます。パフォーマンスやワークショップでは、感覚することに着目して、物語り性を排除した身体表現が持つ 気付き と 出会い の可能性を追求しています。ここ数年は、日常的には気に留められず、いつのまにか 存在しないことになってしまっているモノゴトとの出会い をテーマとした（その事柄を示す『Edge of Nougat』をタイトルとした）無伴奏ソロ作品に取り組む一方で、「身体事」を深めるための フィールド・ワークも並行して実施してきました。

　フィールド・ワークは、風景に溶け込むような「身体事」から始まり、色々な何気ない路地や路地裏を探訪して 観客を集めずに現象的に実施する『路地探』(路地裏での「身体事」の探求)に発展し、さらに研究を深める上で、同じ場所における季節毎の「身体事」の探求行為である『敷地内探求』に辿り着きました。これらの探求は パフォーマンスの形式をとらずに、ビデオカメラによって 動画として記録し、無編集の映像での紹介と共に、身体の可能性についての印象を鑑賞者と語り合う「客観視過程と考察」を繰り返すことによって 深めてきました。いずれも、身体の内外から発せられる情報に対して応答するだけでなく、意識に上る知覚 と 下意識にまで及ぶ身体感覚 に対峙し、統合されない現象をも受容して、その接点 (閾) ギリギリでの存在を工夫するプロセスのような時間。即ち、刻々と質的に変化しつづける容態の提示であったと思います。

　綜合藝術茶房 喫茶茶会記では、2014 年から新たな取り組みとして、輪郭が曖昧なモノゴトと向き合う… 音 (オト) と 身体 (カラダ) のコラボレーション・シリーズ:『そこふく風』を開始し、感覚の世界を共有できる時間

を紡ぎ出そうとしています。場と身体の内外とに拡がる感覚に支えられた「身体事」によるコラボレーションの終演後には 一種独特な風が感じられる空間とカラダ、普段は 見えにくい&聞こえにくい 気配の立ち上がり を、多くの方に味わっていただきたいと思っています。また、日常とは違う感覚の世界が拡がり、意識が向かう先に感じ取られるものを"感覚の種"として出会った方々に持ち帰っていただき、その芽吹きを楽しみ、自分の身体や 環境に存在する感覚に気づくことで、日常や世界を味わい返す切掛けにして頂けたらなあ… と考えています。また、『そこふく風』は~特別編~を用意し、夜の気配が残る「朝の茶会記」という 特別な時間と空間で、ソロの『身体事』を 味わって頂いています。全てのドアと窓を開けたことで発生する 眼に見えない風路には、朝の光と闇が共存し、互いの存在や行動が影響し合ったり解け合ったりしています。まずは感じてみるコトから… そして、ゆっくりと 光の観察をしたり、色んな感覚の中に浸ったり、少し姿勢を変えてみたり、感覚して移ったり、身体で見つめたり、気配を感じたり、カラダのある空間を眺めてみたり、離れたり… と、心むくままに居場所を選んで『そこふく風』を感じて頂くことで、皆さんの様子が場のエネルギーと相まって、貴重な時間となり その後の時間へと繋がっていきます。この場所は、毎回懐かしいのに 全てがいつも新鮮で、この時間は、初めてなのに 大切な感覚に再会したような… そんな想いを心に残す「身体事」になりつつあるようです。

　ステージ以外における これらの体感や体験が、私の今後の活動を支える しなやかで大きな力 になる事は間違いないと思っています。これからも、「いま、ここ」を大切にして 風通し良く 丁寧に…、互いの実感と印象が 融る(とほる)域へと 新たな一歩を踏み出していきたいと思います。

Primary Jazz Server Since 1998/3/9
喫茶茶会記店主　福地史人

「絶対的依存感情に対峙する。」
20080608

私は自己相応なそこそこの経験を経て現在に至っている。
すると、時として思う。
周りがすべて敵でも自己の言説を曲げない強固な姿勢を持つ者に
残念ながらその言説について私見ながら普遍性を感じざるを得ない
場合がある。
それは付和雷同的な普遍妥当的な見解を持つ者との違いである。

藝術を客体化し、ホビーとして扱う心地よさよりは
一貫した揺ぎ無い勘違いに感動してしまう部類ではある。

綜合藝術茶房 喫茶茶会記 profile

あがさ

喫茶茶会記店主より

超絶技巧のヴォイスコントロールとビートルズ解釈。南インド舞踊のダンサーの公演に参った際にも私の後ろにいて驚愕した記憶があります。大きなライブハウスで演じているイメージがあるのですが、それだけではなくヨーロッパのフリージャズシーンにもいるような風合いもあがささんから感じています。

綜合藝術茶房 喫茶茶会記 profile

自己紹介になる文章を、と茶会記の福地さんから言われて、大変ありがたく思うと同時に困ってしまったんです。
こしらえたモノの話ならいくらでも、ですが、自分自身のこととなると、紹介するほどのモノでは…という台詞が一番先に出てきて、それで終わってしまう。
茶会記の「アンソロジー」なのだから、アーティストっぽいこと書かなきゃ？と考えたり、今まで何をしたんだっけ？と振り返ったところで恥ずかしさのあまり記憶にロックがかかったり…。

というわけで、アーティストっぽいことを書こうとするは諦めて、例えばマッチングサイトに載せるプロフィール文とかの「私こんなことが好きなのー♪　夜露死苦」くらいのノリでもって「シンガーソングライターをやるぞ！」と決めた遠い昔の日のことについて書きますよ。

幼いころから不真面目な生徒なりに楽器を習っていたこともあって、知っている曲を好きにアレンジして弾いたり、工作したり漫画を描いたり、
学校に入ったら演劇に熱中したり短歌を詠んだり、いろんなことで遊んでいました。
が、子供のころは今よりも現実的なところがあったのか（むしろ悲観的というのか）、何に対しても「大人になってもずっと続けていけるような、それをシゴトにできるような情熱も才能もねぇ」とも思っていて、
こう、有り余るエネルギーをどこかに集中して注ぎたい（そうしたらナニモノかになれるんじゃないか）、そんな青春を送りたい、でもその対象が見つからないことに焦り続けては、息苦しい中学校生活が始まったのです。

で、その頃に出会ったのが「ビートルズ」なんですよ。
あれは中学二年の初め、ラジオ番組「基礎英語２」の一年分のテキストが配られたので、ぱらぱらと見ていたら "Yesterday" の訳詞が載っていた。
幼い頃に貰ったオルゴールの曲がイエスタデイだったので（曲名はオルゴールの底に貼られたシールに書いてあった）、おっ、知ってる曲だと思って読んでみたら、なんだか切ない話で、中２だし、意外さも伴ってグッときてしまった。
で、「確か家にビートルズのＣＤがあったはず」と思って探したら、ちょうど "Yesterday" の収録されたアルバム "Help!" だけが在って、聴いてみた…という馴れ初め。

家にＣＤがあったということは、遠出の際などに父の車で聴いてはいたんですね、でもそれが「ビートルズ」だという認識はなくて。
「ビートルズ」については、リンゴとかレモンとか果物みたいな名前の人たちのグループで（それをポンキッキで知る）、写真を見たら白黒だし、そのうちの一人はもう死んでるし、なんせチョーーー大昔の人たちなんだ、くらいにたぶん思ってたな。
（いやいや、たった30年前の話だったんだけどね。時代の感覚とかまったくなかったのね。）

で、そこからはクラスメイトのビートルマニアに赤盤青盤を借りて、当時まだタワレコがなかった和歌山市から大阪の心斎橋まで出かけては少しずつアルバムを買い集めて、学校から帰ったらステレオに繋いだヘッドフォンで寝る時間までずっと聴いていて母に叱られる・・・という、まあ珍しくもない話ですわ。
それ以前にも、ちょうど90年代に入った頃から、姉の影響でその頃の所謂ブリットポップとかＵＫロックと呼ばれる音楽を耳にするようになっていて、ギターも父の古い楽器をなんとなく弾くようになっていたこともあって、ビートルズや60's を迎え入れる素地が自分の中にできていたのだろうなとも思う。

「ビートルズ」の素晴らしさ、豊かさについては言わずもがなということで割愛しますが（言い出したらキリがないし）、
彼らの音楽や音楽を彩る他の表現形態の中に、なんだか自分のやりたいこと全てが詰まってる、と思ったんですね、その時。
あとまあ、心まるごと奪われたというか。
そこでやるべきことは決まった、という感じで、ズブズブと宅録の世界に入っていくわけです。（この後のことは、また別のおはなし・・・）

で、現在です。
「今ならやってもいいんじゃないか、聖域に踏み込んでみるのもありじゃないか」ということで、2014年からビートルズ関連の企画、音楽劇のような舞台や関連する音源制作を続けてきました。
今は卒業というか一段落して、別のことに気が向いているのですが、ビートルズのカヴァーを宅録して発表する、ということは細々と続けています、

というか止められません。
とりあえずは節度を守りつつも 100 トラックを目指して録り続ける所存です…。
(ビートルズをカヴァーするのは楽しすぎて、かまけてしまって他のこと・新しいことを何もやらなくなってしまうので時に自制せねばならぬのです)

というわけで、わたくしについての紹介文としては、「ビートルズが好きな人」として憶えてくだされば、嘘がないと思います。かしこ。

綜合藝術茶房 喫茶茶会記 profile

荻野 祥茂

喫茶茶会記店主より

荻野さんは渋谷道玄坂にあったジャズ喫茶音楽館から継承した@grooveでお会いした硬派のジャズ喫茶仲間です。音楽館のスピーカーは荻野さんの元に保管され後に、喫茶茶会記にたどり着きました。ツイーターとスコーカー、ドライバーとウーハーは音楽館のものそのものです。エンクロージャーが違うので、見た目わかりませんが昔のジャズ喫茶の息吹を喫茶茶会記では味わえることができます。

綜合藝術茶房 喫茶茶会記 profile

音楽館〜@グルーヴの最後と茶会記の立ち上がりにちょっとだけ擦った男。
アート志向はやや希薄で、好んでるバンドはサン・ヴォルトとか、です。

綜合藝術茶房 喫茶茶会記 profile

志娥 慶香

喫茶茶会記店主より

熊本で広く活躍されている古くからの茶会記の仲間です。茶会記にピアノがなかった時代にキーボードで演奏してくれたこともあります。喫茶茶会記はジャズ喫茶を源流としています。志娥慶香さんもジャズが原点。お互い変革を重ねて現在に至っています。盟友感がございます。

1974年熊本生まれの熊本育ち。内向的な性格をどうにかしたいという母親の愛情から、3歳から音楽教室に通うことになり、高校までただなんとなくクラシックピアノのレッスンを続けました。中高では吹奏楽やオーケストラでクラリネットも演奏し、音楽とはいつも一緒でしたが、音楽は好きでも嫌いでもありませんでした。大学の付属高校に通っていたので受験する必要がないという安易な理由で、地元の普通大学に入学。大学ではロック系のサークルに入りバンド活動に明け暮れました。演奏することが好きになったのはこの頃です。EL&P や Pink Floyd を仲間が聞いていたので影響され、60〜70年代のプログレやクラシック・ロックをコピーして楽しんでいました。卒業後は夢もなく、地元で仕事を転々としながら、おじさんたちのブルースバンドで夜な夜なキーボードを演奏していました。仲間内でトランステクノが流行してクラブで踊ったりするうちに、阿蘇でレイブパーティーを企画運営したり、若気の至りで無茶な生活を送っていた26歳のとき、年上の方から「あなたは自分の音楽をやりなさい。そして音楽だけに没頭しなさい。」と言われました。悶々と日々を過ごしていた私にはまるでお告げのように聞こえ、家族の反対を押し切る形で仕事を辞め、27歳のとき自称シンセサイザー奏者として活動をスタート。即興音楽ユニットを結成しパフォーマンスを行いましたが、稼げなかったので演奏家の伴奏やラジオ番組の音楽制作を紹介してもらいました。

ある日、熊本で石見神楽と和太鼓の公演を見て、その世界に衝撃を受けました。意識していなかった日本の音に目覚めたと同時に、「生きるとは」という問いが脳天をつき刺し自分自身を見つめ直すきっかけになりました。そのうちに演奏や作編曲の仕事が少しずつ入ってくるようになり、吹奏楽の作曲依頼が来たときに力不足を感じました。「音楽理論や技法など、アカデミックに勉強しなおしたい…」人生で初めて本気で勉強したいと思った瞬間でした。ちょうどその頃、熊本でバークリー音楽院の先生とお会いする機会に恵まれ、留学への希望が芽生えました。学校資料を取り寄せると「フィルムスコアリング（映画音楽作曲）科」があり、一目見て即決。人生を振り返ると、幼少の頃から映画が大好きで、初めて感銘を受けたのは小学生の時に観た「E.T.」の映画音楽でした。さらに思い返せば、これまで映像的な作曲を自然にやっていたことに思い当たりました。忘れていた自分の感情を思い出させてくれた瞬間です。

30歳で一念発起。熊本市の助成金を得て単身渡米し、バークリー音楽院に入学。学問だけでなくそれまでに経験したことのないたくさんの感情を味わいました。3年後に卒業する頃には、熊本以外に友達がいなかった私

に世界中の友達ができていました。もちろん東京にもたくさん。喫茶茶会記と出会ったのはこの頃です。「とても素敵なところがあるよ」と、友人に連れてきてもらいカウンターで店主とお話したことを鮮明に覚えています。その時、自己紹介がわりに店主にお見せしたのは、100人の和太鼓と共演したときの映像でしたよね。

現在は熊本在住、国内外での演奏活動と並行して映画やテレビなどの映像音楽制作に携わっています。九州で映画音楽講座を開講したり、メディアに新作映画評を寄稿しています。喫茶茶会記ではイレギュラーでピアノソロライブをさせていただいてます。

私のオリジナリティは、日本人であること、熊本に住んでいること、この2つに大きく影響されていると思います。アメリカ留学時に、自分の音楽には独特な「間」や「繊細な響き」があることに気付きました。それは日本人の持つ独特な感覚です。虫の音や自然現象の音を雑音ではなく風情としてとらえることのできる感覚、そして四季の移り変わりとともに変化する自然の色、味、香り、音、など体から得られる感覚。熊本は自然が豊かで水も美味しく、音楽を創る上で環境のありがたみを実感しています。昨年は、熊本地震に遭遇しこれまでに味わったことのない経験をしました。当時、地震の影響で熊本での仕事がすべてキャンセルとなり、先の見通しが立たなくなったため東京によく出てくるようになりました。喫茶茶会記に足を運ぶ回数も増え、ますます縁が深くなったこの一年。黎明期からの「仲間」とよんでくださることがなによりも嬉しいです。福地さん、十周年おめでとうございます。これからもどうぞお元気で、私たちを支えてください

小野 文子

喫茶茶会記店主より
小野文子さんは文学座系統の演劇で茶会記に出演されたことを契機にソロイベントや mikiko hasegawa さんとの PLANETA。ギターの下田敦さんとのパーラーソボクで唄われ、スィートで心に残る歌を歌われています。文子さんの気持ちが伝わりますように

フリーの歌うたいは茶会記が好き。
薄くらいから。
見えないところを隠してくれるやうな…
でも隠れていない
産まれたままのワタシ。リセット。

綜合藝術茶房 喫茶茶会記 profile

川嶋菜穂子

川嶋菜穂子さんはアルパ奏者 茶会記の南米音楽の要諦の一人ですが画や伝統的な縫物他、多彩な技もお持ちです。菜穂子さんは茶会記ブログにも時折書いてくださっている総合芸術な方なのです

生まれて間もない頃から
音やリズムの好みがはっきりしていた。

音楽教諭のすすめで
打楽器を演奏し合唱団で歌っていた小学校時代。
両親に問われた。
「ピアノとエレクトーンどちらにする？」
エレクトーンと答えた。
両手両脚が使えるからだ。

ほどなくして、譜面の意味が、突然わからなくなった。

美術、デザインを志した中学高校時代。
自分の内にあるものを外に出したかった。
絵を描くことがとくに好きだったわけじゃない。
譜面を理解できなくなった自分の不整合性を
解き明かしたくて描くことを選択した側面があったかもしれない。

デザイナーとなり給料を頂く身となった。
音とリズムは日々の活力と助けになっていた。

譜面はわからずとも、演奏はできる。
そんな楽器との出会いがあり、水を得るがごとくのめりこんだ。

音の粒が絡み合う音楽ほど、夢中になる。
みずから涌き出る画は、水を得て潤うかたちが多い。

綜合藝術茶房 喫茶茶会記 profile

前澤 秀登

喫茶茶会記店主より

前澤秀登 hideto maezawa さんはフォトグラファーとイベントオーガナイザーをされていて、コンテンポラリーダンスを主体とした美を茶会記に届けてくれています。前澤さんがきっかけとなり茶会記と仲間になったダンサーもいて感謝しています。

綜合藝術茶房 喫茶茶会記 profile

音楽や踊りが好きで、よくあいつはフラフラしてやがると軽口叩かれているのですが、そんな気軽なことじゃなくて、外に出るのはとても億劫なことで、部屋でいつまでも寝転んで夢見ていたいと思っていますが、ここ東京では様々な場所でなんやかんや表現したい人達が人前に立っているようなので、夢見るよりも魅力的な場面に出会えることを願い、虚弱な体を奮い立たせた挙句、どうにかフラフラしているのです。

音楽や踊り、それらの表現が好きというよりも(好きなんですが)、そもそもそんなことをやっている人達を見つめることそのものが好きな気がします。やってる表現はどうしようもなくてもよく(ってこともないですが)、何だか面白い、素敵だな、と人々の魅力を感じられることを求め、様々な場所に赴いているのだと思います。

芸の力量と人の魅力とはある程度は比例すると考えていますが、しかし、あなたがあるとき無職であったならば、ただの少年野球に熱狂する泡沫のような時間の忘れがたさ、といったような時を経験したことがあるかと思います。また「芸より業を見よ」と誰かがきっと言っているはずです。私がかつてある老芸人に教えられたことです。

写真家として稼ぎにならずとも、音楽や踊りの人に何かを感じ、わざわざ重い機材を運んで撮影に行くこともありますが、音は写らず、動きも止まってしまう(!)写真という表現は音楽や踊りの記録としての機能は低く、やはり自分にとって彼らの表現は入り口で、表現している人の姿そのものに魅力を見出しているのではないかと思わさせられます(レコーダーやムービーが欲しくなるときもありますが…)。

いつまでこうしているのか分からないのですが、この10数年間、時と銭を注ぐ博打のように表現者を探し揺蕩する日々を続けてきましたが、それだけの価値はあったかと思っています。多様な表現に包まれた素敵な人々と出会い、魅惑的な時間に幾度も浸りました。夢枕から遠く、体温のある場所で、刺されたり、燃やされたり、食べられたり、しました。

表現の出来不出来をジャッジするのではなく、ただ表現する人達の姿を楽しんでやろうと努めています。お客だからといって芸を見せてみろ踏ん反り返ってはならない。自身のこの世界を豊かにする為には能動的に、君は、あなたは、どこかが美しいはず、と眺め、耳を澄まさなくてはならないと

考えています。

さて、そういった話でいうと店主福地さんは凄い。バーカウンターとイベントスペースが分かれていることは茶会記の特徴ですが、考えて見ればこれは辛い。彼は見れないのだった。表現が好きならば監獄に近い。好きで始めただろうに、お金儲けのためにやっているわけではなかろうに、毎日毎日、様々な表現者さんたちが入れ替わり立ち替わりに「様々な表現」を催しているその壁の向こうで、聞くことも見ることもせず、カウンターの中で隣室の表現者と鑑賞者の出会いの気配を感じとっているだけなのだから…。出入りする人々の熱気、隣室の賑わい、その熱量だけを壁を挟んで感じ、楽しむことが出来る境地に達しているのでしょう。あくまで紳士的に、お茶するお客さんにコーヒーなどを注ぎながら（…しかし、それで満足なのだろうか。彼がいつか壁を破壊して乗り込んでくる日がやって来るならば、当然の発作として皆暖かく迎え入れなくてはいけないでしょう）。

熱狂には終わりがあり、日々消え去って行きます。東京では今日もきっと100か1000かは生きて死んだでしょう（数はよく知らない）。生まれ死んでいく数多くの見知らぬ表現の場所と時間と人があり、なるべく魅力的な表現者のそばで呼吸をしたいと願いながら、写し残したいと願いながら、お財布と手帳と枕を見つめながら、「いけたらいくよ！」とメールしたりする日々はもう少し続きそうです。

綜合藝術茶房 喫茶茶会記 profile

あやちクローデル
×
イーガル

Ayachi Claudel & Ygal
(喫茶茶会記　店主筆)20150809
2人だけで成り立つオーケストレーション
ダイナミックレンジ（特に低域）に優れる
近代ヴォーカルのあやちクローデルと
才人・武藤 イーガル健城。
ジャズとは非なる現代音楽・進化形の世界である。
アーティスティックに特化している訳でもなく
歌謡曲のように感傷的に過ぎることもない
モダニズムな風合いもあり
一種独特のスタイルを醸し出している。

綜合藝術茶房 喫茶茶会記 profile

100年を紡ぐ世界中の唄が、美しい日本語歌詞に乗せられ路上から劇場までを駆け巡る。一度死んで生まれ変わる歌、行き場のないコアな音楽ファンのための、唄う空間造形屋あやちクローデルと、現代音楽作曲家でありピアニストであるイーガルによるヴォーカルピアノデュオ。クルト・ヴァイル、武満徹、林光等、主に1920年代からの世界中の詩と歌を独自の解釈で展開している。それ以外にも第三のメンバー杉田ヌクモーラによる原詩に忠実な訳詞により、訳詞に新たな未来を見出す。2016年からは現代詩人の詩にイーガルが作曲した演目を主軸として更にニッチな道を進むしかなくなってしまう。主な現代詩人は、吉原幸子、寺山修司、竹内浩三で、2016年末にはイーガルは吉原幸子の遺族から公認の作曲家として認められる。

伝統と革新を信じ、今評価されるよりも次の時代へ何かを繋ぐことを考えている。

アルバム「furuiuta」

あやちクローデル
美大彫刻科在学中に今は亡き戸川昌子にうっかり煽られ薦められ、結局ほぼ青い部屋で夜をすごし歌の道へ。
唄う空間造形屋。
あやちクローデルが歌えばそこにはいつも物語が立ち上がる。
見えない大道具とスポットライト、陽の当たらない無名のエキストラたちに囲まれた舞台に立ち、顔の見えない観客から喝采を浴びる。

イーガル
現代音楽作曲家／ピアニスト。
バッハやベートーヴェンの楽曲を私達が今演奏出来るのは楽譜があるからである。楽譜とは「再現」の為の記号であり、建築に例えるならば楽譜は

設計図であり建造物は設計図の具現化、言わば図面がオリジナルであり建造物は結果でしかないと言うことも出来るのではないだろうか。作曲家にとって一番大切なことは現時点での評価ではなく、未来のどこかで価値あるものとして再現されること、その為の楽譜を残すことだと思う。

イーガルは楽曲を設計図としてとらえ、音により建物を、風景を、人間を立ち上がらせようとする。しかし、本当はそんなことなど出来るわけもないことも知っている。

Margtica

喫茶茶会記店主より

Margaticaさんは詩の碧川さんとイベントの打ち合わせをしている。「プルプル」と「プルンプルン」についての違いを深く語りあっている。

私は質の高いリハーサルをしているのだと考えた。

時間軸に即したフォルムの同期をとるための話ではなく、感触的な話から神話的な話まで遡り、一縷の尊い共通項を模索する姿勢。

Magraさんはそういえば小林秀雄を若い頃から読まれている方でもある。

高水準に維持される持續の過程は
美的體驗を齎ス

凡ゆる顯在が潛在に擁かれ
凡ゆる部分に全體が内包されてゐるならば
顯前を創りだす母體へ還らふとする試みは
常に試行され續ける

故知らず人爲を超へて變容する時空に出遭つた際の畏怖と憧憬は 記憶に身體に特異點として刻印されるのだから
始刻と終刻を提示された限りある生にも似た單位時間内に 地に繋がれた質量ある身に偏微分された意識を乘せて 定められた小さな箱の中の銀河で彷徨ふのも亦試行のひとつ

縁に集ふ人々が消費してゆく互ひの命の時間と堆積し埋もれてゆく記憶に捧げる
顯現した特異な瞬間空隙を共有し無限へ向はうとするささやかな飛翔の試み

識閾下の認知を閾上に浮かばせよ

多細胞體が進化してくるまでに生物に死骸を殘す自然死は無かつた　死は無かつた
システムとして物質レヴェルの新陳代謝を速やかに重ね乍ら世代を越へて生き續け今も尚現存する生命はヒトもバクテリアも等しく３０數億年を經てをり 此れから近似的無限へ續く可能性ある生の過程である　生の過程である

ならば總體で總體を捉へよ
流動の核心に我々の生はある

微細な智慧の風を集束し
疎大な行爲の風を散逸せよ
擴散と收束の雙方を急速に積分しつつ
其の挾間を封じ込めよ
いつくしき太古といはけ無き未來が
不可分の臨界に飛び續けよ
銀河に耳を澄まし星辰の聲を身裡に捉へよ

體内の極微空隙が
そちこちに繋がり覺醒してゆく
目的も理由もなく思考も感情もなく
意味も無意味もなく
壓倒的に透明な靜寂から動きは生じる

綜合藝術茶房 喫茶茶会記 profile

山田あずさ

喫茶茶会記店主より

山田あずささんの演奏からは硬派ともいえる気合、気概が発せられ、音には緊迫感があります。美しい容姿と相俟って独特のセクシャリティがあり、比類のないアイデンティティが確立されています。

マリンバという大きな楽器を目にしたり、
演奏をお聴きになったことはありますか？

よく他の似た名前の楽器に間違えられたり、
あまりイメージが湧かないと言われたりします。

かくいう私自身も、
この楽器に出会い演奏することになるまでは、
マリンバという楽器の音も形も知らなかったのですが…。

不思議なもので、出会ってから自然と一緒にいる時間が長くあり
今では私と一緒にステージに立ってくれています。

不器用な形状でありながら、
そのサウンドが持つ繊細さにはいつも驚かされています。

私が茶会記さんと出会ったのは、何か初めての事をやってみたいと胸を膨らませていた時でした。

マリンバは形状的には大変移動に向かない楽器であり、多くの奏者はクラシックという音楽カテゴリーを専攻される事が多い楽器です。

私は当時、アコースティックサウンドで楽器本来の音を試しながら、たくさんの素晴らしい演者と音を合わせたいと考えていました。

それはジャンルに拘らずに、時に自作曲を交えながら継続的に行なえる事が必要でした。

プレイヤーも経験や素晴らしい共演者を通して成長して行き、マリンバも

経年変化しながら、サウンドの幅や感覚を磨いていく事を望んでいたからです。

茶会記さんでは、色々な企画を行わせて頂いていますが、
中でも、いま最も刺激的なプロジェクトは、コントラバス奏者のパール・アレキサンダー氏とのDuo公演を毎年ライヴレコーディングする企画です。

エンジニアには、オノ・セイゲン氏にご助力を頂いています。

彼のレコーディングは本当に素晴らしく、多くの著名なアーティストやオーケストラから絶大な信頼を得ている方です。
その特徴は、聴覚を超えた空間の響きを最もナチュラルに、そしてシンプルに録音する。
その作品はどれも素晴らしく、いつも新しい響きの世界を提示してくれます。

そして、私がここで学んだのは、音の微細な振幅でした。

打鍵した際の腕へのリバウンドと、木片の揺れ、そして響き。
自分が演奏しているので、演奏感覚を記憶しています。
その時の発生した音も、もちろん認識しています。

ですが、録音して頂いた音はいつも遥かに超えて鳴っているのです。

最初、本当に不思議で理解が出来なかったのですが…。
3年を終えた今は、反射の科学と演奏時の反応、響きを学んでいく楽しさにワクワクしています。
そしてセイゲン氏の類稀なレコーディング技術に驚かされています。

この録音作品は、e-onkyo で視聴・購入することができます。

このような多少マニアックと云うか、ミュージシャン冥利に尽きる企画にも、毎回にこやかに対応してくださる茶会記店主 福地さんに大きな感謝をしつつ、それを支えてくださるお客様、関係者の皆様、そして共演者の方々と、本当に頭が上がりません。

想えばマリンバという大きな楽器を奏する事に苦労する事は多いのですが、いつも安心して演奏できる"場"を提供し、応援し、話を聴き、理解をしてくださる茶会記さんの恵みには本当に感謝しきりです。

改めて、いつもどうもありがとうございます。

そしてこれからも沢山の音や芸、人と笑顔が交差する"場"であって頂きたいと願っております。
私のマリンバとの大冒険もまだまだ続きますので、変わらずお力添え頂けたらとても嬉しいです。

綜合藝術茶房 喫茶茶会記 profile

新井 麻木

　喫茶茶会記店主より
新井麻木さんは言わずと知れた吉祥寺のジャズ喫茶MEGの店長です。
25年位前からMEGに通ってましたが一貫して新井さんが店長として君臨していました。
現在は店長と並行してギタリストとして茶会記のレギュラー陣としても活躍されています。
ユリイカや現代思想を感じさせる音やアフターでの語りの風合いがたまりません。

"茶会"

「所作」により、つまり、行動の形式 により"茶会"というものが成り立っているのだとすれば、その形式それぞれに－たとえば、「亭主」と「客」という－関数を代入した時、事後的に現れる「空間」の可能性としての「場」が開かれる。「場」はその限りに於いて、複数の代入可能な形式による離散的な、「モノ／コト」のズレから生じ現れ、常時 不測の事態に晒される事になる。

　茶釜に沸騰する湯の音は、昨日の音とは異なり、同時に、茶会を照らす陽は、いつの日とも異なる。

profile

20世紀に於いて、アート／アーキテクトの役割は、それまでの制作／企画という、いわば、静的な構築性を前提にした思考から、全体性を見通す視点、つまり、俯瞰した視点を持たない、動的な行動の形式へと推移する事になる。
　そうした場合、「形式」とは、単に 各々の関数の容器としての箱物に過ぎず、重要なのは最小単位まで細分化された「形態」であり、さらにその形態と形態を重層的に関連付ける構造であった。

コンポジションからインプロビゼーションへ。

　コンポジションがあくまで静的な布置を前提としているのに対し(偶然性にせよ、偶然性を管理したにせよ)、インプロビゼーションはそもそもそうした前提を持たず、「形態」ですら事後的に確認されるに過ぎない。
　しかし、それは、生成と崩壊を繰り返しながら、終末に向かう不可逆的な単一の時間にはけっして一致し得ない、複数の時間が非同期にズレ続ける中に現れる仮初めとしての「形態」を認識する、という事であり、実態としての形態を認識すると言う意味では無い。

「空」と「空」の「間」から、あるいは、「空」にギャップ／間を生起させる事。

　つまり、形態とは重層的に重ねられた複数の「モノ」の差異から確率論的に立ち現われる「コト」を見つけ出す、能動的行為から把握される。

　ここ100年、人間を含めた瓦礫の山を大量に、しかも、計画的に、生産し続けながら、また、その再構築法を探し求める事がアート／アーキテクトの姿だったのだとしたら、次の100年は、構築と同時に「解体の方法へ」と向かわざる得なくなった。目的論的なユートピア思考ではなく、常時不測の事態に晒されながら、その時々の最良の状態をバランスしながら「場」を見い出す事。
　それは、手っ取り早い「原理」があるわけでは無く、合理性／非合理性と言った安易な概念を考え直す微妙な関係性を保持しながら構築される。また、合理性　と言ったものが、事象に対して人間と言うものにとっての、都合の良いコントロールの可能性だとすれば、そこには、表現／リプレゼンテーションに於いての「再現性」の問題が含まれている事になる。

プラトン以来のそうした、所謂、ミメーシスを超えて、唯物論的に「音」を意味から解放する試み。
つまり、それは インプロビゼーション を 「行う」のではなく、インプロビゼーションを「行なわざるを得ない状況にある」、と言う事でもあり、それはまた、人間の為に創られた「場」とは限らない、あるいは、「人間」と言う新たな「形態」の発明も含めた作業だとも言える。

　何かを伝えるのでは無く、世界とどう向き合うのかを伝える、
　何が描かれたのか、では無く、どの様に起こったのか、
　　探る様に、躓きながら、音を発見する試み、

その時「美学」とは「芸術」の属性の一つに過ぎなくなる。

空耳(錯覚)かもしれない、
自分にだけ聴こえた(見えた)、響 を信じる、あるいは、そう信じるしかない、という試み。

蛭子 健太郎

喫茶茶会記店主より

喫茶茶会記で定期公演してくださっている蛭子健太郎group。

私的には蛭子さんからはジョン・アーヴィングのバイク小説や下北沢カフェでの柴田元幸さんのイベント等を紹介していただいたり印象批評一辺倒なわたしに文学の心地良い風合を与えてくれている。

2017年3月11日のライブの後、図書館系ジャズユニット「ライブラリ」の打楽器奏者が、音楽的な方向性の違い、を理由に辞めてしまいました。

「物語自身のスピード」という事を何よりも大切に生きている自分にとって、そもそも代わりの効かないメンバーが辞めた際、いったいどのようにすれば良いのだろう？と、日々困りつつ現在3ヶ月が経過しています。

「人は物語無しに生きて行く事はできない」という或る人の言葉の力が、ものがあふれ、食べるに困らない国に生きる自分にとって、一刻も早く乾きを潤したい、と、干からびた様な魂に根を張り始めたのが15年程前でしょうか。

人は「物語」無しに生きて行く事はできない、という「物語」の部分は様々に置き換える事ができます。でも私個人にとって「そうだ」と心の深みまでまっすぐに届いたのが上の言葉でした。それが自分にとって、大切な事でした。

自分が思うに物語は「自分」と「時間」の関係です。自分という一人称を込みで時間と付き合うと、嫌でも生や死を強く意識していく事になります。その逆に時間を単なる日付の更新として扱えば生や死は少し遠ざかったところに引っ込みます。そして感情や事象は荒々しくて容赦無い時間性、が薄まった「情報」に接近、変質します。だからと言って情報がワンテンポ遅れて劣っている、というわけではなくて、誰でも情報の蓄積の上に生きているのです、そして自分という一人称を含んだ時間の流れそのもの、が絶えず過去に属している情報と接触し、結合した時に生まれる「バランス」

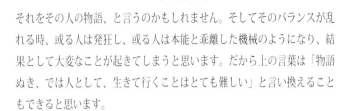

それをその人の物語、と言うのかもしれません。そしてそのバランスが乱れる時、或る人は発狂し、或る人は本能と乖離した機械のようになり、結果として大変なことが起きてしまうと思います。だから上の言葉は「物語ぬき、では人として、生きて行くことはとても難しい」と言い換えることもできると思います。

おそらく3月のライブ迄は「物語自身のスピード」と言った時に、自分は一人称込みの時間（時間の先頭）が何よりも大切な物語そのものであって、情報はその対極にある敵、の様に思っていたと思います。それが時間の先頭のみでも、情報のみでも、人間には実際は不可能（病的）で、物語というのはその二つの間のバランスを表現している、と思う様になってきました。これも打楽器奏者がバンドを抜ける、というアンバランスがもたらした空白期間の経過報告だと思います。この3カ月、以前と比較して、これからはより明確に語れないだろうか、そしてその為には自分自身に対する自覚をより深めなければならないと思う様になって来ました。現時点では次回からは代えの効かない故に打楽器は入れず4人で演奏できれば、と朧げに思っています。

これらの事は、本当は誰にも言わずにいるつもりでしたし、メンバー含め未だ誰にも話してはいません。しかし茶会記マスターの福地さんから福地さん一流の鋭角のタイミングで茶会記10周年のプロファイルに参加させて頂けるという光栄なお誘いがありましたので、現時点での蛭子健太郎の図書館系ジャズユニット「ライブラリ」の物語を語らせて頂きました。ちなみにライブラリというのは、「物語自身のスピード」をキーワードに蛭子健太郎が作曲したオリジナル曲を演奏するジャズユニットです。

Primary Jazz Server Since 1998/3/9
喫茶茶会記店主　福地史人

夜の質感

　昔はTCP/IPで通信プログラムまで作ってまでインターネット普及に関わっていた。
その後、銀行のシステム子会社にいた頃はシステム開発部所属なので
不具合が生じたときに人身御供としてシステムセンターに送り込まれていた。
私は技術力がないが、人あたりが良いので運用チームの怒りをかわす術を評価されていたようである。
夜中のサーバールームは2001年宇宙の旅的風合いであり
禁欲的でひと気の少ない雰囲気がこの上なく私にとっては良好であった。
夜中のサーバートラブルでは特権モードというかタクシーに乗れたり、バイクで夜中突っ走ることが可能になる。
真夜中の都市感覚をそこで必然的に体感した。
このような状況が長続きするとやはり人間ダメになる。一般人であればすぐに逃げ出すような環境。
私もサイボーグのような生活に飽きがくる。そして心からの情感を欲するようになる。
ジャズもメロディアスなものを聴いたり、演劇では新宿梁山泊等人間臭いものも観るようになる。
夜中2chの感動ものも読んだりしていた。
その末の結実としてアナログ的な喫茶店経営に至ったのだとも考える。

ただ、思えば、システムセンターの休憩所は暖色系の灯りがあり人を落ち

着かせた。
スパリゾートの休憩所的でもあった。
ギミックともいえて気恥ずかしいががシステムセンター的照明要素も私に影響している。
なので喫茶茶会記のキャッチコピー「夜の質感」とはあの時の記憶がマージされてある。
システムは冷徹だけども裏切ることはない。緊張感に満ちた安定稼働と甘美な夜の質感の折衷美。
現在実施している「深夜廟」の仲間達とのアクティビティにもそのような深夜における強度がそなわっていると自負している。

綜合藝術茶房 喫茶茶会記 profile

吉本 裕美子

喫茶茶会記店主より

彼女の音楽的特質とは何か。
フリーインプロビゼーションの歴史的流れはフリージャズからの発展形という位置づけがわかり
やすいのだと思うけども
無論ブルースからもあるだろうしロックからもあると思うし複雑極まりない。
わたしの低い視座からみればロックの進化形として一貫してスタイルを決めていてそれが
一番顕著に思えるのが吉本由美子さんである。
ロック。それは男性的な力強いピッキングの効いたオンビート的イメージが先行するが
それと真逆ともいえる女性的でフワーっと佇むような紫煙のようなサウンドイメージは
天上のジミー・ヘンドリックスが優しく祝福しているかのようだ。

ジャズを解放させることと
ロックを解放させること

一聴近いが似て非なる世界である。

吉本裕美子 (東京生まれ / ギタリスト / 即興演奏)
喫茶茶会記での主催・共催イヴェント一覧 (2017 年 6 月末現在)

2012 年 1 月 7 日 (土) 8:00pm ～
吉本裕美子 meets 木村由「真砂ノ触角」
出演：木村由 (dance), 吉本裕美子 (guitar)

2012 年 5 月 1 日 (火) 7:30pm ～
高原朝彦＋吉本裕美子 ギターデュオ electric & acoustic
出演：高原朝彦 (10 弦ギター 他), 吉本裕美子 (ギター)

2012 年 8 月 25 日 (日) 4:00pm ～
吉本裕美子 meets 木村由「真砂ノ触角 ―其ノ弐―」
出演：木村由 (dance), 吉本裕美子 (guitar)

2012 年 11 月 20 日 (火) 7:30pm ～
高原朝彦＋吉本裕美子 ギターデュオ electric & acoustic vol.2
出演：高原朝彦 (アコースティック 10 弦ギター , エレクトリック・ギター 他), 吉本裕美子 (エレクトリック・ギター , アコースティック・ギター)

2013 年 1 月 13 日 (日) 8:00pm ～
吉本裕美子 meets 木村由「真砂ノ触角 ―其ノ参―」
出演：木村由 (dance), 吉本裕美子 (guitar)

2013 年 3 月 1 日 (金) 26:00 ～ 28:00
喫茶茶会記 深夜廟
地下水脈をさぐる振り子のように茶会記の夜に漂う気配を掬い取る一人即興演奏会「真夜中の振り子」
吉本裕美子 (guitar) ソロ

2013 年 4 月 30 日 (火) 8:00pm ～

七感弥広彰 (dance) × 吉本裕美子 (guitar)

2013年5月21日(火) 7:30pm〜
高原朝彦+吉本裕美子 ギターデュオ electric & acoustic vol.3
出演：高原朝彦(アコースティック10弦ギター , エレクトリック・ギター他), 吉本裕美子(エレクトリック・ギター , アコースティック・ギター)

2013年7月5日(金) 26:00〜28:00
喫茶茶会記 深夜廟
地下水脈をさぐる振り子のように茶会記の夜に漂う気配を掬い取る一人即興演奏会「真夜中の振り子」第2回
吉本裕美子 (guitar) ソロ

2013年8月11日(日) 8:00pm〜
吉本裕美子 meets 木村由「真砂ノ触角 —其ノ四—」
出演：木村由 (dance), 吉本裕美子 (guitar)

2013年10月29日(火) 8:00pm〜
Duo Improvisation
出演：横川理彦 (violin, computer), 吉本裕美子 (guitar)

2013年11月1日(金) 26:00〜28:00
喫茶茶会記 深夜廟
地下水脈をさぐる振り子のように茶会記の夜に漂う気配を掬い取る一人即興演奏会「真夜中の振り子」第3回
吉本裕美子 (guitar) ソロ

2013年11月13日(水) 8:00pm〜
高原朝彦+吉本裕美子 ギターデュオ electric & acoustic vol.4
高原朝彦(アコースティック10弦ギター , エレクトリック・ギター他)
吉本裕美子(エレクトリック・ギター , アコースティック・ギター)

2014年1月3日(金) 3:00pm～
Trio Improvisation
出演：Gaile Griciute (piano) from Lithuania, 鈴木學 (electronics), 吉本裕美子 (guitar) w/ スペシャルゲスト

2014年1月12日(日) 3:00pm～
吉本裕美子 meets 木村由「真砂ノ触角 —其ノ伍—」
出演：木村由 (dance), 吉本裕美子 (guitar)

2014年2月4日(火) 8:00pm～
Trio Improvisation
出演：横川理彦 (violin, computer), 吉本裕美子 (guitar), 山田光 (sax, etc)

2014年3月7日(金) 26:00～28:00
喫茶茶会記 深夜廟
地下水脈をさぐる振り子のように茶会記の夜に漂う気配を掬い取る一人即興演奏会「真夜中の振り子」第4回
吉本裕美子 (guitar) ソロ

2014年7月4日(金) 26:00～28:00
喫茶茶会記 深夜廟
地下水脈をさぐる振り子のように茶会記の夜に漂う気配を掬い取る一人即興演奏会「真夜中の振り子」第5回
吉本裕美子 (guitar) ソロ

2014年8月3日(日) 8:00pm～
吉本裕美子 meets 木村由「真砂ノ触角 —其ノ六—」
出演：木村由 (dance), 吉本裕美子 (guitar)

2014年11月4日(火) 8:00pm～

Trio Improvisation
出演：竹田賢一 (大正琴), 吉本裕美子 (ギター), 照内央晴 (ピアノ)

2014年11月7日(金) 26:00〜28:00
喫茶茶会記 深夜廟
地下水脈をさぐる振り子のように茶会記の夜に漂う気配を掬い取る一人即興演奏会「真夜中の振り子」第6回
吉本裕美子 (guitar) ソロ

2015年1月11日(日) 8:00pm〜
吉本裕美子 meets 木村由「真砂ノ触角 —其ノ七—」
出演：木村由 (dance), 吉本裕美子 (guitar)

2015年3月6日(金) 26:00〜28:00
喫茶茶会記 深夜廟
地下水脈をさぐる振り子のように茶会記の夜に漂う気配を掬い取る一人即興演奏会「真夜中の振り子」第7回
吉本裕美子 (guitar) ソロ

2015年7月3日(金) 26:00〜28:00
喫茶茶会記 深夜廟
地下水脈をさぐる振り子のように茶会記の夜に漂う気配を掬い取る一人即興演奏会「真夜中の振り子」第8回
吉本裕美子 (guitar) ソロ

2015年8月9日(日) 8:00pm〜
吉本裕美子 meets 木村由「真砂ノ触角 —其ノ八—」
出演：木村由 (dance), 吉本裕美子 (guitar)

2015年9月27日(日) 8:00pm〜
Duo Improvisation

出演:吉本裕美子 (guitar), 橋本孝之 (alto sax) ゲスト Grace Leslie (flute and brain) from California

2015 年 11 月 6 日 (金) 26:00 〜 28:00
喫茶茶会記 深夜廟
地下水脈をさぐる振り子のように茶会記の夜に漂う気配を掬い取る一人即興演奏会「真夜中の振り子」第 9 回
吉本裕美子 (guitar) ソロ

2016 年 1 月 24 日 (日) 3:00pm 〜
吉本裕美子 meets 木村由「真砂ノ触角 —其ノ九—」
出演:木村由 (dance), 吉本裕美子 (guitar)

2016 年 3 月 4 日 (金) 26:00 〜 28:00
喫茶茶会記 深夜廟
地下水脈をさぐる振り子のように茶会記の夜に漂う気配を掬い取る一人即興演奏会「真夜中の振り子」第 10 回
吉本裕美子 (guitar) ソロ

2016 年 5 月 4 日 (水) 3:00pm 〜
Trio Improvisation
出演:竹田賢一 (大正琴), 川島誠 (alto sax), 吉本裕美子 (guitar)

2016 年 7 月 1 日 (金) 26:00 〜 28:00
喫茶茶会記 深夜廟
地下水脈をさぐる振り子のように茶会記の夜に漂う気配を掬い取る一人即興演奏会「真夜中の振り子」第 11 回
吉本裕美子 (guitar) ソロ

2016 年 8 月 14 日 (日) 8:00pm 〜
吉本裕美子 meets 木村由「真砂ノ触角 —其ノ拾—」

出演：木村由 (dance), 吉本裕美子 (guitar)

2016年11月4日(金) 26:00～28:00
喫茶茶会記 深夜廟
地下水脈をさぐる振り子のように茶会記の夜に漂う気配を掬い取る一人即興演奏会「真夜中の振り子」第12回
吉本裕美子 (guitar) ソロ

2016年11月21日(月) 8:00pm～
雨宮拓 Unit
出演：雨宮拓 (piano), 有永道人 (tuba), カイドーユタカ (contrabass), 吉本裕美子 (guitar), 森順治 (reeds, flute), 北沢直子 (flute)

2017年1月15日(日) 8:00pm～
吉本裕美子 meets 木村由「真砂ノ触角 —其ノ拾壱—」
出演：木村由 (dance), 吉本裕美子 (guitar)

2017年3月3日(金) 26:00～28:00
喫茶茶会記 深夜廟
地下水脈をさぐる振り子のように茶会記の夜に漂う気配を掬い取る一人即興演奏会「真夜中の振り子」第13回
吉本裕美子 (guitar) ソロ

2017年4月29日(土) 8:00pm～
出演：Arkajolie (voice, clarinet), 竹田賢一 (大正琴), 山田民族 (guitar, synth), 吉本裕美子 (guitar 他)

綜合藝術茶房 喫茶茶会記 profile

三好 宣史

喫茶茶会記店主より

三好宣史さんはこのアンソロジーの中で一番古い関係であり高校生の時の同期です。

高校時代に彼からバウハウスやヨハネス・イッテンを教えてもらいました。

かなり断片的ですが早期よりマニアックなことを把握しました。

このことが今のわたくしの自信にもつながっているのだと考えます。

とても優しいイラストを描く彼はわたしのmodalbeatsというドメインの中、「夢源画廊」というウェブギャラリーを開いています。是非のご閲覧を。

函館
青函連絡船の汽笛が響く薄暗い実家で、ものこごろついた時には自然と絵を描いていた。既存の絵を模倣することは出来なかったが、自由に湧き出るもの描くのは好きだった。

函館東高校への通学路
五稜郭公園の桜、新緑の中を走る函館本線、友人福地氏との対話
芸術への憧憬

札幌
重いコートを羽織り、雪の中通い続ける老舗のジャズ喫茶。
美術の確立された学習方法を見つけることが出来ず、ひたすら巨匠たちから何かを学ぼうと画集を見続ける日々。

東京
木枯らしの中を福地氏と都内のジャズ喫茶を巡る。真の感動に触れるたびに身の引き締まる思いがする。
生命力を捉えたいと、バレエ雑誌を買い、一流のバレエダンサーの表現と対決する気概で、四畳半部屋でクロッキーをし続けた。
夏の暑い日差しを避け、図書館でバウハウス講師、ヨハネスイッテンの色彩論を独学で学ぶ。

芸術の意味を自分なりに捉えることが出来ず、何年も模索し続け、最後に行き着いたのが、19世紀の画家ドラクロワの言葉だった。
- 絵画は、画家の魂と鑑賞者の魂の間に架ける橋である -

私の中で、「芸術とは、美を伝えるための、表現者の魂と鑑賞者の魂の間に架ける橋である」という結論に達した。

では、どういった美を伝えるべきなのか？私は日本人である。日本に生まれ、日本人としてのアイデンティティを持っている。であるならば、日本人と

しての視点を通し、自らの芸術を創ろうと思った。それは、他国に対抗するという意味ではなく、日本人としての視点を通して、芸術の伝統を受け継ごうという思いである。
素材やスタイルという意味での日本風というのを目指そうというのではなかった。日本の精神的美の伝統を受け継ごうという意味である。
現代の人へ伝えるには、現代のモティーフや題材を選ぶ必要があるのかもしれない。

では、日本の精神的な美とはなんであるのか？
私なりの理解から幾つかの概念が出来た。

「清」…正直、誠といった日本人が大切にしてきた徳、これは、「さやけさ」という精神にも繋がる。爽やかではっきりとしたものを好む心である。

「和」…和を貴ぶと同時に八百万の神を認めているという点。森羅万象に対する細やかな愛情。これは、「花鳥風月」「雪月花」という美にも繋がる。

「無」…物質的なものや俗事に執着しない、囚われのない超越した精神。これは、「わび」「さび」という美にも繋がってくると思う。

2004年
福地氏に全面的協力をいただいて、夢源画廊がウェブ上にスタートする。

主に、色鉛筆を用いたイラストを仮想の画廊空間に掲載してゆく。

そこに表れるものは、仮想の空間上に表れる、イマージュ(幻影)にしかすぎないのかもしれない。しかし、イマージュとは人の魂から魂へと受け継がれて、新たな創造や表現へと繋がっていくものだと思う。芸術にはそうした伝統があるように思う。
そして、その美は時空を超えて続いていく…。

たかが、イマージュ、されどイマージュである。
私のイマージュがそのように、誰かにとっての夢の源になってくれるのであるならば、それは本望である。

　　　夢源画廊、作家
　　　　　　三好 宣史

綜合藝術茶房 喫茶茶会記 profile

相田 えいこ

喫茶茶会記店主より

相田えいこさんはカリグラファー。喫茶茶会記常設のメイン展示をさせていただいてます。

かつ様々なな会を主宰してくださっていて、それと並行して最近まで文化的な大先輩の会「セロの会」の幹事をされていました。結婚式はドイツのメールスでジャズ評論家の故・副島輝人さんご夫妻が仲人という超弩級ジャズレディな方です。

フリージャズコレクター片岡文明さんのレーベルでの近藤直司さんのレコードのデザインにも参画されていて片岡さんと茶会記との友情もきっかけはえいこさんです。

今後もえいこさんとのアクティビティは持続します。

文字が好きだ。
文字も色々ある。
漢字、ひらがな、カタカナ。
あたしゃ英語もろくに話せないのに
アルファベットが好きだ。
読むのではない。
描くのだ。
ABC、たったの２６文字。
大文字、小文字、まあ他にもあるけれど、
この２６文字の、それぞれの組み合わせを筆で描く。
時にはコーラーの缶で作ったペンや、割り箸、バルサ材、木の枝、葉っぱ
だっていい。
インク、絵具、墨は常套、汚れた水でいい。
綺麗に書く事は習っていればいつかは書ける。
そこから脱し、自分の字で描く。
描くのは「JAZZ」。
ミュージシャンの言葉がいい。
彼らは常にクリエイターだ。
だが著作権だ、所有権だと、最近色々とうるさい。
まあ個展においてならアタシが責任取りゃ言いのだろうけど。
だからある作品はミュージシャンの名前や曲名だけを連ねて描く。
それをある人は「ただ名前を連ねただけだろ？」と批判する。
文字を見てくれ、　　　　　　　そのリズムを見ておくれ。
感情が表に出ないクールな表面もいいだろ？
まあデザインは下手なんだけどね。

付け足すと、某万年筆ブランドでは人のサインも作る。
紙の上にペンが走る時、手の動きのリズムが聞こえる。

そうか、これもJAZZさ！！

由良 瓏砂

喫茶茶会記店主より

由良瓏砂さんは茶会記のレギュラー陣の一角でもある幻想系のアーティストです。
幻想系のアーティストは比較的精神的振幅のある方が経験上多いのですが瓏砂さんは場数も多いし神崎悠雅君とスクラムを組みながらロジカルに月一度のカウンターを運営してくれていて信頼しています。
茶会記本体とは異なる異次元ワールドが繰り広げられています

綜合藝術茶房 喫茶茶会記 profile

私の父はオーディオマニアで、家ではいつもクラシックやジャズが流れていました。
家にあるオーディオシステムは時々入れ替わり、ある日それまでのスピーカーより一回り大きな、「タンノイ」のスピーカーが、レンガのブロックの上に設置されました。
購入したばかりのそのスピーカーを、あろうことか私は弟や妹とはしゃいで走り回っているうち、倒してしまったのです。
父の大切なスピーカーは破れて修理に出さなければならなくなり、私は当然のことながら酷く叱られました。
幼い頃の苦い思い出です。

活字中毒だった私は、物心ついた頃から、父の蔵書を片っ端から読み漁っていました。
イギリス贔屓の父の本棚に並ぶ、アガサ・クリスティやジェフリー・アーチャーのミステリに混ざってあったのが、寺島靖国氏の「辛口JAZZノート」。
「ジャズミュージシャンはあくまでハッピー、片やリスナーは額に皺を寄せ、深刻な顔つきである。大学のジャズ研究会の入部希望者のうち入部を許されず帰された者は、そういえばみな深刻な顔をしていた」
と、こんな感じの語り口が非常に面白く、この本を読んでアルバムを聞きたくなり、父のCD棚を漁った事も度々でした。
私が小学校5年生の時、父が寺島氏の経営するジャズ喫茶MEGに行こうと、吉祥寺に連れて行ってくれました。
ところが、残念なことにはお店がついに見つからなかったのです。
仕方なく、当時流行りだしていたいちご大福をお土産に買って、帰途につきました。
それ以来、ジャス喫茶は私にとって近くて遠い場所になりました。

喫茶茶会記の福地さんと知り合ったのは、初台の画廊喫茶 Zaroff。名刺を頂き、しばらく経ってからお店を訪れました。
やがてイベント開催のお声をお掛け頂き、主宰している演劇ユニットMONT★SUCHTの公演を2、3回行わせて頂きました。

福地さんは「茶会記の幻想系の代表」と呼んで私たちをとても大切にして下さり、茶会記出入りのアーティストさん達に片端から紹介して下さいました。
ある年の忘年会では、MEG の店長ともお会いすることができました。
感激して父に報告しましたが、吉祥寺で MEG を探したことなど覚えていないというのです。狐につままれたような気分でした。

2015 年 11 月、武蔵小山にある廃墟めいた不可思議なビル内に「TARUHO」というダイニングカフェバーがオープンしました。曜日毎にマスターが変わるお店です。
私たちは金土に《哲学者の薔薇園》という名前で営業していました。
ビル取り壊しによる TARUHO 閉店に伴い移転先を探していた私たちに、福地さんから月一で定期営業しませんか、という願ってもないお話。
こうして、2017 年 1 月より毎月第三月曜日の喫茶茶会記での営業が開始しました。

錬金術の図版から店名を採った《哲学者の薔薇園》のコンセプトは「変成」。
色の変わる青いハーブティや、薔薇の香りのカクテル、花のサラダや珍しいジビエ料理など、五感に訴える美しいお料理、お飲み物をお出ししています。
また、毎回ゲストをお招きし、イベントスペースにて朗読やダンス、人形操り、音楽などの出し物とトークショーなどを開催。お客様の顔ぶれも多彩で、一家言を持つ方々ばかり。
錬金術において性質の異なる物質が様々な段階を通過し、貴金属へと変容するように、集い来る種々雑多な人々が相互作用により高次の存在へと変容し得るのではと、私は密かな望みを抱いているのです。

綜合藝術茶房 喫茶茶会記 profile

米澤 一平

喫茶茶会記店主より

米澤一平さんは気鋭のタップダンサーであり若きプロデューサーです

無論茶会記のみならず様々な場所でイベントを企画され成功を収めています。

閉館前のアサヒアートスクエアでのイベントでも圧巻の実演でした。

茶会記のレギュラー陣の一翼であり様々な若い次世代の潮流に向かう風を茶会記に送り込まれます。

音楽的な観点でも時として鳴らされる完璧なリズムキープはパーカショニストとしてでも通用するほどです。総合芸術を司る主要格の一人だと思います。

TAP DANCE。
黒人奴隷の歴史が背景に有り。
黒人たちは、家を失い、楽器は燃やされ、奴隷として扱われ、会話を禁じられた。
黒人たちは、壁や床を"タップ"し、身体を鳴らした。
それは、彼らのすべてを奪った侵略者たちにはわからない"シークレットコミュニケーション"だった。
それは、彼らにとって自らの"アイデンティティ"を守るための、静かな命懸けの抵抗だった。

TAPDANCEは、言葉であり、音楽であり、黒人たちの抵抗の歴史で、誇りのなのだ。

日本の伝統芸能とは、また異なるが、自由な表現の前に伝統や文化背景への理解や継承が必要とされる。認められるということ、継承は儀式的なものではなく、いつでもそのパフォーマンスからTAPDANCERが、あいつはTAPDANCERなのか、TAPSHOESは履いた者なのかを判断する。過去から現代にまでTAPDANCEを紡いできた功績あるレジェンドTAPDANCERたちからのシェアされた精神を持ち、先人へのリスペクトの精神は必然だ。またそれを超えた上で現代のTAPDANCERとしての自分を試される文化でもある。

歴史、文化、技術、精神、表現、リズム、音楽、ダンス、スウィング、、、(挙げればきりがないが)TAPDANCEはそれらをすべてひっくるめて地面(フロア)と向き合う。

"足で、地面に立つ"ということ。

それは、時代や文化、人種を超えた不変、生きる意志の象徴。

いつも自身に向き合うこと。

"身体"と"足"と"地面"。

TAPDANCE は、シンプル故に、本当に奥深い。

黒人たちが、不屈の精神で、力強く、立ち続けたように、この TAPDANCE という文化と、自分に一生向き合っていきたい。TAPDANCER であるということは、生半可なことではない。音楽や言葉を奪われた彼らが、命懸けで TAP という新たな言語であり、音楽を生み出した誇りを背負って行くことなのだから。

私もその意志をこれからもっと強く、深めていきたいし、何よりこの素晴らしい TAP という文化を、音楽として、ダンスとして、言葉として、総合芸術としてすべての人々とシェアしたいし、楽しんでいきたい。

TAPDANCER 米澤一平

Barbee MAKO

喫茶茶会記店主より
BarbeeMakoさん。
ベリーダンスの要諦の一つ、アルミスタルミスを主宰されています。
サミア・ガマールを精神的支柱の一つとされていてエンターテイメントと荘厳性のバランスが折衷されています。
アルミスタルミスのレギュラー化から、さらに日本ベリーダンス界全体への畏敬が増しました。
MAKOさんは新宿御苑のタウン誌JGの大森さんからご紹介いただきました。感謝
MAKOさんの自由な空気感がとても味わい深いです。

住んでる所の、すぐ近くだった、喫茶茶会記
アコースティックな、ミュージシャンが、演奏して、取り囲んだ、客が、音楽に、入り込んでしまって、一緒に泣いている。
そんな狭さの、このスペースで、ベリーダンスと、生演奏のライブが、楽しくて、2年目になってしまった。

綜合藝術茶房 喫茶茶会記 profile

本田 万里子
HIKKI
(ヒッキー)

喫茶茶会記店主より
HIKKIは茶会記のカウンタースタッフ。
シームレスにお客様の連関が生まれる様子は店主も脱帽しています。
オペレーション面においても店主不在の際にも自在の対応をしてくれます。
先端のアンテナ女子に是非ご遭遇を

" mon anthologie des jours de pluie "

「お天気雨」
ねえ 私の愛する人、
私は今降る この見えない小雨のよう

ねえ 私の愛する人、
教えて 私は今わかったことがある

私にあったと言えるものは、
すべて嗚呼 なんて哀しいのか、
価値を為さず。

まるで遠くに拡がる入道雲を、
場ちがいみたく、震えて歩く。

まるで愛しい記憶の中でさんざめ鳴く、
ひとりの孤独な女性 そのものよ。

嗚呼 私の愛おしい人、
教えて、一つ。
あの青空の下は暖かいの？

爪の先から思惑が漏れているような。

私の手が握るカギは、裏切りと共に、
一つずつ、一つずつ。
まるで最初から無かったかのように、
消えて行く。煙に騙されたかのように。

ねえ、愛する人

私は気付いたの。

私は今気が触れてるわ。
悲観や失望とはまた違うの。

私は今、
気が触れて哀しんでいるような。

ねえ誰か 必要じゃないなんて、
この美しい世界にあるものかしら。

ねえ誰か 愛を注ぐものは、
こんな素晴らしい世界に唯一しかないの？

教えを乞いたいように、今。
今、私は世界に哀しんでいるから。

こんな事が結末だと言うのなら、
私はこのまま自意識を持たない何か、ただの消炭になりたかったわ。

「雨乞い」
今の私の耳には　音もない
其処にはもう　リズムもない
振動の素がない

それはそれは 途轍もなく冷たい時間だ
それはそれは 途轍もなく何もない時だ

求振の先が無い。
求めたいとする 先が無い。

愛の先が無い。

それは とてもとても独りの時で
それは とてもとても何も価値がない時

私にとっては必要悪で
私にとっては絶対的道義心の循環だ。

雨を乞う
吹き荒ぶほどの 雨乞いを要す、要したい。

それは
貴方とは何の明日の約束も無いから。

冷たい小雨じゃなく
生温かい 梅雨の雨を乞うの。

だって
貴方とは 明日も明後日も、昨日だって何も無いんだから。

しとしとと、温度が伝わる。
明日の雨だけを　乞おう。

綜合藝術茶房 喫茶茶会記 profile

大塚 deiv 治

喫茶茶会記店主より

大塚 deiv 治さんはパッケージやブランドデザインで活躍されている一方、モータースポーツ界で有名な方であり、ポルシェ 911 マガジンへの執筆やアイドラーズクラブで草レース等をまとめられている方。
わたくしとは免許の取り直しの際に府中試験場で出会った「お受験仲間」であり、いろいろな経験をさせていただきました。
大塚さんのご縁で様々なモーター系のエンスージアストをご紹介いただいたりして、昨今本気で免許を失効してよかったと本当に思える方です。

綜合藝術茶房 喫茶茶会記 profile

　毎日のように通る新宿通りから数秒入った路地の奥、大型自動二輪のお受験仲間がここでカフェをやっているというのでどんな店だか覗いてみようと思ったのが喫茶 茶会記を訪れた最初だった。
　その時に日本刀の研ぎ師の方が企画した「鐵藝」というイベントが行われることを知られ再び足を運んだのが2週間後。カフェスペースの奥のイベントスペース。ここでは色々なイベントが毎日行われているので様々な分野の沢山の面白い、魅力的な方々が集まってくるのだ。様々な分野と一言で書いてしまうのには抵抗がある程、思いもしない物事に目を向ける人の多いのに驚かされた。

　以前、東京FMで放送されていたSuntory Saturday Waiting Bar "AVANTI"というラジオ番組があった。その番組はAVANTIのお客の興味深い話を常連客の紳士が聞き耳を立てるというシナリオ。その常連客とバーテンダーもまた良い話しをするので気に入っていた。その聞き耳のたて具合、多方面の内容がとても興味深かった。私にとって茶会記のカウンターは潜在意識の中でそんな番組の事を思い起こさせる空間だったようだ。

私と福地氏が大型自動二輪の免許を受験したのは教習所ではなく警察の運転免許試験場での事。いわゆる一発免許と呼ばれるもので、教習とは違い試験を受けにいくだけ。実技を教わるのではなく、いきなり試験を受けて合格するか落ちるか、ただそれだけ。なのでそこは特に友達を作る場ではない。受かれば喜び浮かれて、落ちればしょぼくれて帰っていくだけの場。私はそれ以前にもここでもっと小さいオートバイの免許を何種か受験していたのだが、その時には特に友達が出来た訳ではないのに、大型の時は不思議と数人のお受験仲間が出来たのだった。声優さん、ミュージシャン、不良外人と茶会記店主。不思議な引力が感じられたのだった。

　私はグラフィックデザインを中心にイラスト、ブランド作りや、自動車、オートバイ等の雑誌に文を書くことを生業としている。特に、茶会記に行くようになってAVANTIのように臨席の人からお話を聞いたり、したり…。それが趣味のひとつとなったようだ。やがてその趣味は時に仕事の場にも

活かされる事となり、デザイン等の仕事をしている扇子屋さんには茶会記で知り合ったアーチストさんに随分と協力をして頂いたし、一緒にトークイベントをさせてもらったモデルカークリエーターの市原氏からは「生きる姿勢」を学びもした。人と人との交流による化学反応を生み、面白い展開を作り出すことに結びついていると実感している。東京一の日常会話のあるこの空間には色んなヒントが隠れているから。予想も出来ないような化学変化を楽しみ続けてみたいと思っている。

綜合藝術茶房 喫茶茶会記 profile

喫茶茶会記店主より
bozzoさんは茶会記で一番お世話になっている写真家であり茶会記の公式ウェブサイトの画像サイトにおいては一番画像掲載が多いアーティスト様です。
ジャズ喫茶MEGの元スタッフでもあり、喫茶茶会記の源流=ジャズ喫茶の地脈においても先輩格です。
独特見栄えのするスタイルは一発でbozzoさんの画像とわかる面もあり、bozzoさんが店にお越しになるといつもワクワクするのです。

綜合藝術茶房 喫茶茶会記 profile

サティアン photo by bozzo

「四谷の湿った牧屁」 2度の展示で志したのは、
四谷怪談にあるような 四谷独特の入り組んだ地形が育くむ
乾湿合わせ持った人間の心情態を、ダンサーを媒介に表出するコト。
いかに人間がその土地の風土に影響され、形成されるのか？
謂わば"憑依"を可視化し、人間は地球なしには成立しえない
生物であることを、コトバではなくビジュアルで伝える作業であった。

　　　　　そして、今。「サティアン＝真理」
あらためてカタチにしたい思いは
この手垢に塗れ 人為的にもみ消されたであろう オウム真理教
のこのコトバ。あらゆる雑味含んだ禍禍しいコトバであるゆえに
この "サティアン SATYAM" をフィルターに可視化し伝えたい。

もはやポピュリズム全盛で タタ数決こそ真理だと云わんとする
社会趨勢の中で、身体に根差し、身体を基点とする(個)そのもの
から表出される真理。異物排除や自己防衛など
どんどん個人のファントム領域が島化している時代の中で、
人間本来が持つ(個)のパワーを見せつけたい。

世界がこれだけギクシャクとし、しょうもない法整備で雁字搦め
となった人間社会を、生物そのものの人間のうちに引き戻す。
そんな サティアン＝真理 が表出できたら。

茶会記が持つ ごにょごにょとした
磁場を PLATFORMに 増幅できることを
目指したい。 30 June 2017 bozzo

綜合藝術茶房 喫茶茶会記 profile

春日 玲

喫茶茶会記店主より

春日玲さんは茶会記の朗読系の中で現在一番アクティブに会を開いてくださっている方です。

現在は郡山市でご活躍なので、頻繁に会は開けませんが玉を転がすような声色にうっとりするときがあります。

余談ですが、春日さんはペコちゃんにかなり似ています。春日さん自らペコちゃんキャンディを配っていた会もありました。心地良いひとときを与えてくださいます。

綜合藝術茶房 喫茶茶会記 profile

ちびっ子いわく「お姫様のような恰好でライトを浴びてニコニコしながら絵本を読んでくれるひと」
大人いわく「渋い場所（茶会記含む）でピリ辛な本の世界の空間を作る人」。

１５歳、朗読を始める。
あまりにも「ペコちゃんに似ている」と言われるため公演でミルキーを配るようになる。
以後、朗読もミルキーでの「客席餌付け」もゆるやかに続く。
美術館、プラネタリウム、読書室、学校、保育園など「舞台ではない舞台」での朗読公演を中心に活動し、
毎年６月には昭和から続く喫茶店での朗読ソロライブツアー「二十歳の原点」を敢行。（今年で１３年め）
たくさんの方のご協力の下、ほぼ一人で脚本・演出、出演、制作、受付、前説を行うのが恒例に。

声優でも、俳優でも、アナウンサーでもなく、「朗読者」。
時には、お芝居や歌のように、泣いたり、笑ったりもして、
自分以外の誰かが残した「言葉の中の気持ち」を伝えられたら・・・と思っています。
どうぞ、ごひいきに。

綜合藝術茶房 喫茶茶会記 profile

喫茶茶会記店主より

坂田明さんが本当にフリージャズの第一線に在されている理由は、本当にフリーな方だからです。例えば茶会記においてはギャラも案分されています。若い気鋭のアーティストが次々の坂田さんと演奏をされます。

茶会記の条件も一律平等ですのでチャージバックが少なく恐縮なときもありますが震災前から演奏をしてくださっています。

お客様も多種多彩、坂田さんの旧友の女性仲間が数名お越しになった際には、ピアノで「ひまわり」を弾かれました。

アンソロジーに代わるものとして

だいぶ以前のことになるが、クラゲの本を書いたときに、お世話になった先生と東宮御所の某殿下宅を訪れたことがある。そのとき名刺をきちんと用意していなかった。入口の守衛所に一枚置いたら、もうなかった。大失敗である。
件の殿下宅で侍従にあたる人から名刺を出された、「すみません。誠に失礼ながら名刺がありません」と、謝ったら、「大丈夫です、すべてわかっていますから」といわれた。ぞっとした。お調べがついていないものが殿下の自宅に伺えるわけないと知ってはいてもだ。
つまりお迎えする側にまったく抜かりはないという事になる。
こういうものはアンソロジーとが真逆のもので、「お調べ」に過ぎない。
私が目指してきたもの、これからも目指しているものは「人間とはなにか？！」「自分というものはなにか？！」「いのちとはなにか？！」である。これは宇宙と直接につながっている。
つまりは、どう生きるかがどう死ぬかにつながるものである。という認識にのっとっている人生を生きるという事になる。だが、これは私の個人的な事情であって、他の人たちに発表するというものではない。ただの独り言みたいなもので、あってもなくてもいいような泡沫の中にあるものだと思う。
すでに昨日までのことは夢のようだったと思っている。なかったこととして変わりないように見える。夢にように思える過去の上に泡沫の今が乗っかってるわけだ。まことに危うい。
そういうわけだから、今、私が何者なのかは良く分からない、昨日までに分かったいたことが、今日はわからなくなることが日常茶飯事だ。日々のあらゆる修業は今日生きることに有益であると錯覚できることが大変ありがたい。
まあ、あと18年はやる気である。一寸先は闇である。わからん。

綜合藝術茶房 喫茶茶会記 profile

喫茶茶会記店主より
上田君は副店主として茶会記に関わっている。
2017/8 に拠点をかえたのでなかなか
参画しずらくもなるだろうけども。
上田君のイメージはユリイカ的風合いである。
ユリイカ的風合いといってもわかりづらいかもしれないが
わたくしが昔買って読んでいた本のような風合いである。
諸先輩においてはユリイカ的風合いを多くみるが
私より若い世代では少ない
ただ上田君にはそのような風合いを感じさせる。
そこが特筆されるべきだと勝手に思っている。

3.11の震災後のことだ。私は怒りに駆られていた。私は温厚な人間、もしくは臆病な人間なので、怒りを表に出すことはないのだが、非常に怒っていた。そして、その怒りの内容は、ここには書かない。私は怒りに困っていた。飲み歩いていた。ふてくされていた。人生に肯定すべきものを抱えさまよっていた。私はとても豊かな自分自身を悲しんでいた。何かを新しく始めないと、死んでしまうと思っていた。甘ったれていた。
その時期のあれこれを時系列で並べ立てることはできない。原因と結果が混在している。私は自分の表現として、戯曲を書くことを始めた。
茶会記に関わるようになり、私は私が初めて書いた戯曲「carrier bag」を茶会記で上演する。それが2014年の4月だ。
その後、これまでの約3年の間に、「closet」「虎の話」「月 - Neumond」「底なしの淵に沈む -『恋愛のディスクール・断章』より」「ヒューマン・コメディ」「Potrait-No.001」「Portrait-No.002/003」「戦争と一人の女」「孤独な散歩者の夢想」を茶会記で上演した。

作品は不思議だ。記憶が蓄積されている。人の顔が。

舞台芸術を始めることになったのは、偶然であり、因果であり、縁であり、覚悟であり、運であり、全てなのだと思う。私の。
舞台は生ものだ、ライブだ。のような言葉を私は疑っている。言葉を疑っているのではない。その人がそれを言ってしまった習慣をダサいと思う。言うほどのことではないと思っている。映画だろうが文学だろうが、全てがライブなのだ。当たり前すぎる。人に言わずして、時々勝手に考えているべきことだ。まとめるな。焦るな。結論するな。そして、それは一瞬の、いたたまれない優しさの迷いなのだ。言わずともわかるよ。同じ場所にいるから。
・・・一瞬が全ての他者の記憶を作っている。私はそのことを、茶会記で演出し、上演をしていく中で確信した。あらゆるものは一瞬でバレる。それは良いものも、悪いものも。私はその空間で、人間の感覚する能力の無限を知った。人間を信じることができるようになった。伝わることを信じられるようになった。信頼できる他者を発見することで、私は作家になった。

バレてなんぼだ。

以上が、私の茶会記における劇作家としての初心である。
茶会記で出会ったすべての顔に、たとえそれを私が忘れてしまったとしても、永遠に敬意を表する。お立ち会い、ご苦労様でした。あなたも私も、次は、自分の番だ。

深水 郁

喫茶茶会記店主より
深水郁さんはかわいらしい曲風とボイスを持つピアノ弾き語りの歌い手さんです。
大手企業のCMでも活躍されています。
実は茶会記のレギュラー陣よろしく女侍的なところもあり近年結婚されてホッとしています。
たまにお嬢様の花ちゃんを連れてきてくれます。
そのようなほのぼのとした空気感も茶会記の一情景なのです。

ベビーカーの子連れでは出入りしにくい四谷三丁目駅。消防署の出口からエレベーターで地上に出て横断歩道を渡る。新宿通りを進んでスーパー丸正、セブンイレブンを通り過ぎて左折。そういえば、一番始めに茶会記に足を踏み入れたのは夜だった。この暗い曲がり角、そしてその先のもっと暗い小さな曲がり角に驚いたんだった。その目の前に立たないと分らないような本当の隠れ家のドア。アップライトピアノを触らせてもらいながら、ここでこうやって演奏していけたらと思ったんだった。

　２ヶ月毎に演奏をしにやって来て、帰る。一人で演奏することもある。ミュージシャンはもちろん、ダンサーや、役者や、詩人や、マジシャンや茶道家を連れてきて（来ていただいて）、演奏する。お腹に子どもを宿して、演奏する。産まれたら、ベビーカーに乗せて連れてくる。授乳もする。オムツも替える。ハイハイもさせる。決して多くはないお客さんの前で、黙々とピアノを弾いて歌うことを続けている。感謝。

Primary Jazz Server Since 1998/3/9
喫茶茶会記店主　福地史人

「ジャズ喫茶と喫茶茶会記」

小学校6年生の時、YMOの一枚目を買ったのが初のLP購入体験で
YMOを枝葉に様々な音を聴きはじめる。
高校生の頃はBOOWY全盛であったが天邪鬼なわたしはウィラードを聴いたものである。
このあたりからマイノリティ主義ともいえるマインドセットが形成されている。
断片的にジャズも聴いていたがイマイチ全貌がつかめないままにいた。
函館のジャズ喫茶・バップは無論当時から存在していたのだが、全くアンテナを立てることができなかった。
このコンプレックスが今の原動力になっている。
現在はバップオーナー松浦さんご夫妻に懇意にさせていただいて感慨を得る。
上京後、様々なジャズ喫茶を辿る。
土曜日は宇田川町の宮沢オーナー「スウィング」、道玄坂音楽館、明大前マイルスか
四谷いーぐる（いーぐる連続特集が毎週されていた時期は四店舗、はしごしていた。）
日曜日は中央線、主にA&F, メグである。それ以外の日は歌舞伎町ナルシスである。
メグ・寺島靖国店主著作の「ジャズある記」にジャズ関係者の哀愁が感じられ今でも私に響いている。

その後、ジャズオーディオへの傾倒から「音の隠れ家」との出会いになる。
喫茶茶会記の前身、ビンテージオーディオサロンである。
サロンで散々ぱらお話を聞いて、家に帰って ebay で落とすような輩を横目でみながら隠れ家でアルテックの銀箱を買ったりする。
様々な没落貴族然とした達人を店主の中山さんは紹介してくれた。その経験は計り知れない。その関係性は今でも継続している。
様々なジャズ喫茶先輩店主と関わりの後、ブラック系 JBS に通いつめ、先鋭性は月光茶房から学び、
新興ジャズ喫茶との連なりもでてくる。
ロンパーチッチ、スウィング、umineco 等は特に仲間であり、
いーぐるでは「これからのジャズ喫茶を考えるシンポジウム」を開催させていただいた。
ボロンテールの坂之上ママがお越しになったことがうれしい、京都に行く際は必ず YAMATOYA の熊代さんに挨拶に参る。
新宿サムライの宮崎二健さんとは新宿往復書簡というブログを共に立ち上げ現在に至っている。

ジャズ喫茶。

2017 某日、茶会記のライバルであり好敵手であるジャズ喫茶の元店主とロンパーチッチに行ったら、会話なしで元店主の要諦ともいえるトランペッター関連を片面三枚連続でかけてくれた。
このような武士道的間合いというものがジャズ喫茶のこの上ない在り様であると類推する。

綜合藝術茶房 喫茶茶会記 profile

里中 卓

喫茶茶会記店主より

里中卓さんは茶会記創成期からのお客様で完全なジャズ喫茶系の常連様です。プライベートでもジャズ喫茶巡り等ご一緒いただいています。里中さんらしくデータの羅列がProfile。粋ですね。
下記のディスク画像は私が選定いたしました。
これがわたしのイメージする「モード以上フリー未満」笑 のディスクの代表作です。難解で恐縮です。

綜合藝術茶房 喫茶茶会記 profile

001 This here Is Bobby Timmons(Riveside)
002 Mel Torme Swings Shubert Alley(Verve)
003 Work Song/Nat Adderley(Riv.)
004 The Incredible Jazz Guitar of Wes Montgomery(Riv.)
005 Soul Station/Hank Mobley(Blue Note)
006 Here's Lee Morgan(Vee Jay)
007 Sonny Clark Trio(Time)
008 Mack the Knife:The Complete Ella in Berlin/Ella Fitzgerald(Ver.)
009 The Soul Society/Sam Jones(Riv.)
010 The Modern Jazz Quartet・European Concert(Atlantic)
011 Booker Little(Tim.)
012 Us Three/Horace Parlan(BN)
013 Midnight Special/Jimmy Smith(BN)
014 Kelly at Midnite/Wynton Kelly(VJ)
015 Barry Harris at the Jazz Workshop(Riv.)
016 The Tommy Flanagan Trio(Moodsville)
017 Another Opus/Lem Winchester(New Jazz)
018 Down Home/Zoot Sims(Bethlehem)
019 Boss Tenor/Gene Ammons(Prestige)
020 True Blue/Tina Brooks(BN)
021 Moods/The Three Sounds(BN)
022 Jo+Jazz/Jo Stafford(Columbia)
023 Flight to Jordan+2/Duke Jordan(BN)
024 A Night in Tunisia[チュニジアの夜]+2/Art Blakey & the Jazz Messengers(BN)
025 The Modern Sound of Betty Carter(ABC-Paramount)
026 Blue's Moods/Blue Mitchell(Riv.)
027 We Insist!/Max Roach's Freedom Now Suite[ウィ・インシスト/マックス・ローチ](Candid)
028 Guitar Groove/Rene Thomas(Jazzland)
029 Art/Art Farmer(Argo)

030 Bennie Green[ベニー・グリーン・ウィズ・ソニー・クラーク](Tim.)
031 The World of Cecil Taylor(Can.)
032 Charles Mingus Plesents Charles Mingus[ミンガス・プレゼンツ・ミンガス / チャールス・ミンガス](Can.)
033 John Coltrane・My Favorite Things(Atl.)
034 Donald Byrd at the Half Note Cafe Vol.1,2 Completed(BN)
035 Gillespiana/Dizzy Gillespie and His Orchestra(Ver.)
036 Art Pepper・Intensity+2(Contempolary)
037 Con Alma+1/Ray Bryant Trio(Col.)
038 Out of the Cool+1/The Gil Evans Orchestra(Impulse!)
039 Undercurrent/Kenny Drew(BN)
040 Free Jazz:A Collective Improvisation by the Ornette Coleman Double Quartet[フリー・ジャズ / オーネット・コールマン](Atl.)
——1960——

041 Charlie Byrd at the Village Vanguard(Offbeat → Riv.)
042 It's Time for Dave Pike(Riv.)
043 Junior Mance Trio at the Village Vanguard(Jzl.)
044 The Blues and the Abstract Truth[ブルースの真実]/Oliver Nelson(Imp.)
045 Miles Davis・Someday My Prince Will Come+2(Col.)
046 Speak Low/Walter Bishop Jr. Trio(Jazztime)
047 Booker Little・Out Front(Can.)
048 The Warm Sound+2/The Johnny Coles Quartet(Epic)
049 Ezz-thetics/George Russell Sextet[ジョージ・ラッセル・フィーチャリング・エリック・ドルフィー](Riv.)
050 Dodo's Back!/Dodo Marmarosa(Arg.)
051 Doin' The Thing+2/The Horace Silver Quintet at the Village Gate[ドゥーイン・ザ・シング / ホレス・シルヴァー](BN)
052 Freedom Sound/The Jazz Crusaders(Pacific Jazz)
053 Where?/Ron Carter[ロン・カーター・ウィズ・エリック・ドルフィー

](NJ)
054 If You Go/Peggy Lee[ペギー・リー & クインシー・ジョーンズ](Capitol)
055 Waltz for Debby+4/Bill Evans Trio(Riv.)
056 Gerry Mulligan Presents a Concert in Jazz(Ver.)
057 Eric Dolphy at the Five Spot Vol.1(NJ)
058 Wynton Kelly![枯葉/ウィントン・ケリー](VJ)
059 Everything's Mellow/Clark Terry(Msv.)
060 The Trio+5/Oscar Peterson Live from Chicago[オスカー・ピーターソン・トリオの真髄](Ver.)
061 Thesis:Jimmy Giuffre 3,1961(Ver. →独ECM)
062 South American Cookin'/Curtis Fuller Quintet featuring Zoot Sims(Epi.)
063 Boss Tenors/Gene Ammons, Sonny Stitt(Ver.)
064 Motion/Lee Konitz(Ver.)
065 Eastern Sounds/Yusef Lateef(Msv.)
066 Focus[焦点]+2/Stan Getz(Ver.)
067 Rah+1/Mark Murphy(Riv.)
068 The New Tristano/Lennie Tristano(Atl.)
069 The Bobby Timmons Trio in Person+2(Riv.)
070 Mosaic/Art Blakey & the Jazz Messengers(BN) 071 Jazz Pictures at an Exhibition/Rita Reys and The Pim Jacobs Trio featuring Kenny Clarke[ジャズ・ピクチャーズ/リタ・ライス](蘭Philips)
072 A World of Piano!/Phineas Newborn Jr.(Con.)
073 The Bill Hardman Quintet-Saying Something[ビル・ハードマン・クインテット](Savoy)
074 Chicago And All That Jazz!/Eddie Condon(Ver.)
075 Coltrane "Live" at the Village Vanguard/John Coltrane(Imp.)
076 Mingus Oh Yeah/Charles Mingus(Atl.)
077 Further Definitions/Benny Carter and His Orchestra[ファーザー・ディフィニションズ/ベニー・カーター](Imp.)
078 Herbie Mann at the Village Gate(Atl.)

079 Out of the Blue+2/Carol Sloane(Col.)
080 It Might as Well Be Spring[春の如く]/Ike Quebec(BN) ——1961——

081 Hi-Fly/Jaki Byard(NJ)
082 The Don Randi Trio・Where Do We Go From Here?[枯葉 / ドン・ランディ](Ver.)
083 Shelly Manne・2-3-4+2(Imp.)
084 Lou Rawls Sings Les McCann Ltd. Plays Stormy Monday[ストーミー・マンデイ / ルー・ロウルズ・ウィズ・レス・マッキャン](Cap.)
085 The Bridge+2/Sonny Rollins the Quartets featuring Jim Hall[橋 +2/ ソニー・ ロリンズ](RCA)
086 Asia Minor/Dizzy Reece(NJ)
087 Let Freedom Ring/Jackie McLean(BN)
088 Count Basie and the Kansas City 7+1(Imp.)
089 First Time Out/Clare Fischer(PJ)
090 Matador/Kenny Dorham(United Artists)
091 Undercurrent+4/Bill Evans 〜 Jim Hall(UA/BN)
092 Circle Waltz/Don Friedman Trio(Riv.)
093 Out of the Afternoon/Roy Haynes Quartet(Imp.)
094 Takin' Off/Herbie Hancock(BN)
095 Jazz Moments/The George Shearing Trio(Cap.)
096 Full House+3/Wes Montgomery(Riv.)
097 Hawkins! Alive! at the Village Gate[ジェリコの戦い]+2/Coleman Hawkins(Ver.)
098 Erroll Garner・One World Concert(Reprise)
099 Money Jungle+6/Duke Ellington(UA/BN)
100 Ballads/John Coltrane Quartet(Imp.)
101 Portrait of Sheila/Sheila Jordan(BN)
102 To My Queen/Walt Dickerson(NJ)
103 Carmen McRae Live at Sugar Hill, San Francisco(Tim.)
104 When There Are Grey Skies+1/Red Garland(Pre.)

105 Monk's Dream/The Thelonious Monk Quartet(Col.)
106 Cecil Taylor Live at the Cafe Monmartre[セシル・テイラー・コンプリート・カフェ・モンマルトル](丁Debut→英Freedom)
107 Cannonball's Bossa Nova/Cannonball Adderley with The Bossa Rio Sextet(Riv./Cap.)
108 Ornette Coleman・Town Hall, 1962(ESP)
109 Feelin' the Sprit+1/Grant Green(BN)
110 Free/Benny Golson Quartet(Arg.)
──1962──

111 Midnight Blue+2/Kenny Burrell(BN)
112 My Name Is Albert Ayler(丁Deb./英Fre.)
113 Stitt Plays Bird/Sonny Stitt(Atl.)
114 The Jack Wilson Quartet featuring Roy Ayers(Atl.)
115 Together Again!/The Benny Goodman Quartet(RCA)
116 The Dave Brubeck Quartet at Carnegie Hall(Col.)
117 Bud Powell in Paris+2(Rep.)
118 Nights of Ballads & Blues[バラードとブルースの夜]/McCoy Tyner(Imp.)
119 John Coltrane and Johnny Hartman(Imp.)
120 Getz=Gilberto+2/Stan Getz and Joao Gilberto(Ver.)
121 Our Man in Paris+2/Dexter Gordon(BN)
122 Brother Jack McDuff Live![ライヴ!/ジャック・マクダフ・ウィズ・ジョージ・ベンソン](Pre.)
123 Take Ten/Paul Desmond(RCA)
124 Chris Connor at the Village Gate(FM/Roulette)
125 Tension/Albert Mangelsdorff Quintet(独CBS→独L+R)
126 Dizzy Gillespie & the Double Six of Paris/Dizzy Gillespie & Les Double Six(Phi.)
127 Sassy Swings the Tivoli+22/Sarah Vaughan(Mercury)
128 Consequences/New York Contemporary Five(蘭Fontana)

129 Footloose!:Paul Bley Trio Complete Savoy Sessions 1962-63(Svy.)
130 Night Lights+1/Gerry Mulligan(Phi./Mer.)
131 Idle Moments/Grant Green(BN)
132 Black Fire/Andrew Hill(BN)
133 Evolution/Grachan Moncur Ⅲ (BN)
134 Hello, Dolly!/Louis Armstrong(Kapp)
135 "Live" at the Half-Note/The Art Farmer Quartet featuring Jim Hall(Atl.)
136 The Sidewinder/Lee Morgan(BN)
——1963——

137 Take It from Me/Terry Gibbs Quartet(Imp.)
138 Miles Davis・The Complete Concert 1964:My Funny Valentine + Four &More(Col.)
139 Night Lady/The Johnny Griffin Quartet(蘭 Phi.)
140 Out to Lunch/Eric Dolphy(BN)
141 Lorez Alexandria・The Great(Imp.)
142 When Lights Are Low/Tony Bennett(Col.)
143 Hubert Laws・The Laws of Jazz(Atl.)
144 Town Hall Concert/Charles Mingus(Jazz Workshop)
145 The Individualism of Gil Evans[ギル・エヴァンスの個性と発展]+5(Ver.)
146 The Cat/Jimmy Smith(Ver.)
147 Proof Positive+1/J.J.Johnson(Imp.)
148 Breaking Point/Freddie Hubbard(BN)
149 Bob Brookmeyer and Friends+3(Col.)
150 Last Date/Eric Dolphy(蘭 Fon.)
151 Albert Ayler Trio・Spiritual Unity+1(ESP)
152 Tears for Dolphy/Ted Curson(蘭 Fon. →英 Fre.)
153 Hot House/Bud Powell(仏 Fon. →英 Black Lion)
154 The Giuseppi Logan Quartet(ESP)
155 We Get Requests[プリーズ・リクエスト]/The Oscar Peterson

Trio(Ver.)
156 For Django/Joe Pass(PJ)
157 Song for My Father+4/The Horace Silver Quintet(BN)
158 You Better Know It!!!+1/Lionel Hampton(Imp.)
159 Thelonios Monk・Solo Monk(Col.)
160 Baby Breeze+3/Chet Baker(Limelight/EmArcy)
161 Soul Sauce+4/Cal Tjader(Ver.)
162 Charles McPherson・Bebop Revisited!(Pre.)
163 Shirley Scott・Queen of the Organ(Imp.)
164 Kenny Burrell・Guitar Forms[ケニー・バレルの全貌](Ver.)
165 A Love Supreme[至上の愛]/John Coltrane(Ver.)
166 Speak No Evil/Wayne Shorter(BN)
——1964——

Subject: 60年代300選 Part2
167 Barney Kessell・On Fire(Emerald)
168 Miles Davis・E.S.P.(Col.)
169 Gunter Hampel Quintet・Heartplants(独Saba/独MPS)
170 Ben Webster・Stormy Weather(英BL)
171 The Horizon Beyond/Attila Zoller(Erc./独ACT)
172 Maiden Voyage[処女航海]/Herbie Hancock(BN)
173 Shining Hour/Denny Zeitlin Trio Live at the Trident[デニー・ザイトリン・ライヴ・アット・ザ・トライデント](Col.)
174 Frank Sinatra・September of My Years+2(Rep.)
175 The In Crowd+2/The Ramsey Lewis Trio(Arg.)
176 The Feeling Is Mutual/Helen Merrill with Dick Katz[フィーリング・イズ・ミューチュアル/ヘレン・メリル](Milestone→Erc.)
177 The Shadow of Your Smile[いそしぎ]/Astrud Gilberto(Ver.)
178 Rolf & Joachim Kuhn Quartet・Re-Union in Berlin(独CBS→独Be! Jazz)

179 Dippin'/Hank Mobley(BN)
180 Smokin' at the Half Note/Wynton Kelly Trio-Wes Montgomery[ハーフ・ノートのウェス・モンゴメリーとウィントン・ケリー](Ver.)
181 Spring/Anthony Williams[トニー・ウィリアムス](BN)
182 John Handy Recorded Live at the Montery Jazz Festival+1(Col./欧 Jazz Beat)
183 Max Roach・Drums Unlimited[限りなきドラム](Atl.)
184 Francois Tusques・Free Jazz+2(仏 Mouloudji →仏 In Situ)
185 Touching+1/Paul Bley(丁 Deb.→英 Fre.)
186 Unity/Larry Young(BN)
187 The Ornette Coleman Trio at the "Golden Circle" Stockholm Vol.1,2(BN)
188 Let 'Em Roll/Big John Patton(BN)
189 Woody Shaw・In the Beginning(Muse)
190 Henry Grimes Trio・The Call(ESP)
──1965──

191 Jazz Realities/Carla Bley〜Mike Mantler〜Stev Lacy[ジャズ・リアリティーズ/カーラ・ブレイ](蘭 Fon.)
192 Here Comes Earl "Fatha" Hines[ヒア・カムズ/アール・ハインズ・トリオ](Contact/Flying Dutchman)
193 Alfie/Sonny Rollins(Imp.)
194 Happenings/Bobby Hutcherson(BN)
195 It's Uptown with the George Benson Quartet[イッツ・アップタウン+5/ジョージ・ベンソン](Col.)
196 Adam's Apple+1/Wayne Shorter(BN)
197 All Alone/Mal Waldron(伊 GTA/日 Victor)
198 Dusk Fire/Don Rendell=Ian Carr 5tet(英 Col./英 BGO)
199 Bob Dorough・Just About Everything(Focus)
200 Blossom Time at Ronnie scott's/Blossom Dearie(英 Fon.)

201 Spellbinder/Gabor Szabo(Imp.)
202 The Popular Duke Ellington/Duke Ellington and His Orchestra(RCA)
203 Rain Forest[サマー・サンバ]/Walter Wanderley(Ver.)
204 Tristeza on Guitar/Baden Powell(独 Sab./独 MPS)
205 Everywhere/Ruswell Rudd(Imp.)
206 Easy Walker+5/Stanley Turrentine(BN)
207 Swinging Macedonia/Dusko Goykovich(独 Phi./独 Enja)
208 Heavy!!!+1/The Booker Ervin Sextet(Pre.)
209 Forest Flower/Charles Lloyd(Atl.)
210 Don Ellis Orchestra 'Live' at Monterey!+4(PJ)
211 Symphony for Improvisers/Don Cherry(BN)
212 Place Vendome/The Swingle Singers with The Modern Jazz Quartet(Phi.)
213 Conquistador!/Cecil Taylor(BN)
214 The Forest and the Zoo[森と動物園]/Steve Lacy(ESP)
215 Backlash/Freddie Hubbard(Atl.)
216 The Cannonball Adderley Quintet・Mercy, Mercy, Mercy! Live at "the Club"[マーシー・マーシー・マーシー/キャノンボール・アダレイ](Cap.)
217 Globe Unity/Alexander von Schlippenbach(独 Sab./独 MPS)
218 Sweet Honey Bee/Duke Pearson(BN)
219 Slow Freight/Ray Bryant(Cadet)
220 Albert Ayler in Greenwich Village(Imp.) ——1966——

221 Johnny Hodges・Triple Play+3(RCA)
222 Mexican Green/Tubby Hayes(英 Fon.)
223 Expression/John Coltrane(Imp.)
224 The Buddy Rich Big Band・Big Swing Face+9(PJ)
225 Sweet Rain/Stan Getz Quartet(Ver.)
226 Alligator Bogaloo/Lou Donaldson(BN)
227 Monica Zetterlund[スウィート・ジョージー・フェイム/モニカ・セッテルンド](典 Phi.)

228 The Jimmy Owens=Kenny Barron Quintet・You Had Better Listen(Atl.)
229 Duster/Gary Burton Quartet(RCA)
230 The Real McCoy/McCoy Tyner(BN)
231 The Magic of Ju-Ju/Archie Shepp(Imp.)
232 Thad Jones & Mel Lewis Live at the Village Vanguard(Solid State)
233 Antonio Carlos Jobim・Wave[波](A&M)
234 Libra/Gary Bartz Quintet(Mst.)
235 Wes Montgomery・A Day in the Life(A&M)
236 Sax No End/The Kenny Clarke=Francy Boland Big Band[クラーク=ボラン・ビッグ・バンド](独Sab./独MPS)
237 Heavy Sounds/Elvin Jones and Richard Davis(Imp.)
238 Nefertiti/Miles Davis(Col.)
239 Sunday Walk/Jean-Luc Ponty Quartet(独Sab./独MPS)
240 The Montmartre Collection/Dexter Gordon(英BL)
241 Blue Burton/Ann Burton with The Louis van Dyke Trio[ブルー・バートン/アン・バートン](蘭Artone/日Epi.)
242 Sonny Chris・Up, Up and Away(Pre.)
243 Tetragon/Joe Henderson(Mst.)
244 Jazz for a Sunday Afternoon Vol.1+1(SS)
245 Archie Shepp Life at the Donaueschingen Music Festival[ワン・フォー・ザ・トレーン/アーチー・シェップ](独Sab./独MPS)
246 Steve Marcus・Tomorrow Never Knows(Vortex)
247 Hamp's Piano/Hampton Haws(独Sab./独MPS)
248 Roland Kirk・The Inflated Tear[溢れ出る涙]+1(Atl.)
249 Polto Novo/Marion Brown(英Polydor→英Fre.)
250 Jackie McLean・Demon's Dance(BN)

——1967——

251 East!/Pat Martino(Pre.)
252 Tete Montoliu・Piano for Nuria(独Sab./独MPS)

253 Speak Like a Child/Herbie Hancock(BN)
254 Chick Corea・Now He Sings, Now He Sobs+8(SS/BN)
255 Puttin' It Together/The New Elvin Jones Trio[プッティン・イット・トゥゲザー / エルヴィン・ジョーンズ](BN)
256 The Jazz Composer's Orchestra[コミュニケーションズ / ジャズ・コンポーザーズ・オーケストラ](JCOA)
257 The Complete Machine Gun Sessions/The Peter Brotzmann Octet(独 FMP/Atavistic)
258 Bill Evans at the Montreux Jazz Festival+1(Ver.)
259 Charles Tolliver and His All Stars(英 Pol. →英 BL)
260 Watch What Happens!/Steve Kuhn Trio(独 MPS)
261 Roland Kirk・Volunteered Slavery(Atl.)
262 Jimmy McGriff・The Worm(SS)
263 Basie Straight Ahead/Count Basie and His Orchestra[ストレート・アヘッド / カウント・ベイシー](Dot)
264 Michel Legrand at Shelly's Manne-Hole(Ver.)
265 Albert Ayler・New Grass(Imp.)
266 Nina Simone and Piano![ニーナとピアノ / ニーナ・シモン]+4(RCA)
267 Bill Evans Alone+2(Ver.)
268 Ahmad Jamal at the Top:Poinciana Revisited[ポインシアナ・リヴィジテッド / アーマッド・ジャマル](Imp.)
269 Joy+2/Karin Krog & Friends[ジョイ / カーリン・クローグ](諾 Sonet/ 諾 Meantime)
270 Somewhere Before/Keith Jarrett Trio(Vor.)
271 Don Cherry・Eternal Rhythm[永遠のリズム](独 MPS)
272 Phil Woods and His European Rhythm Machine・Alive and Well in Paris[アライヴ・アンド・ウェル・イン・パリ / フィル・ウッズ & ヨーロピアン・リズム・マシーン](仏 Pathe)
273 Pepper Adams・Encounter!(Pre.)
274 Milton Nascimento・Courage(A&M)
——1968——

275 The Fabulous Slide Hampton Quartet(仏 Pat.)
276 Extrapolation/John McLaughlin(英 Marmalade →英 Pol.)
277 What's New/Bill Evans with Jeremy Steig(Ver.)
278 Pharoah Sanders・Karma(Imp.)
279 For Alto/Anthony Braxton(Delmark)
280 How Many Clouds Can You See?/John Surman(英 Deram)
281 Clifford Jordan・In the World(Strata-East)
282 Charlie Haden Liberation Music Orchestra(Imp.)
283 The Tony Williams Lifetime・Emergency!(Pol.)
284 Stanley Cowell・Blues for the Viet Cong[ブルース・フォー・ザ・ヴェトコン/スタンリー・カウエル](英 Pol.→英 Fre.)
285 Walking in Space/Quincy Jones(A&M)
286 Les McCann & Eddie Harris・Swiss Movemant+1(Atl./Rhino)
287 Stephane Grappelli, Barney Kessell・I Remember Django[ジャンゴの思い出/ステファン・グラッペリ](英 BL)
288 It's Nice to Be with You/Jim Hall in Berlin[ジム・ホール・イン・ベルリン](独 MPS)
289 Art Emsemble of Chicago・Peogle in Sorrow[苦悩の人々](仏 Pat.)
290 To Hear Is to see!/Eric Kloss[トゥ・ヒア・イズ・トゥ・シー/エリック・クロス・ウィズ・チック・コリア](Pre.)
291 Milt Jackson Quintet featuring Ray Brown・That's the Way It Is(Imp.)
292 Miles Davis・Bitches Brew+1(Col.)
293 Miroslav Vitous・Infinite Search[限りなき探求](Embryo)
294 Abdulla Ibrahim<Dollar Brand>・African Piano(独 Japo)
295 But Beautiful+3/Nancy Wilson(Cap.)
296 Hello Herbie/The Oscar Peterson Trio with Herb Ellis(独 MPS)
297 Mal Waldron Trio・Free at Last(独 ECM)
298 The Third World[第三世界]/Gato Barbieri(FDu.)
299 Larry Coryell・Spaces(Vanguard)
300 Georges Arvanitas Trio in Concert+1(仏 Futura)
——1969——

参考文献
『ベスト・ジャズ・アルバム』大和明著(音楽之友社)
ジャズ批評82『ジャズ1960年代』(ジャズ批評社)
Swing journal『20世紀ジャズ名盤のすべて』(スイングジャーナル社)

茶会記店主福地氏とは開店当初から色々多岐に渡り懇意にさせていただいておりますが、芯の部分では常に『ジャズ』がありました。
そこで、「茶会記的ジャズ」とは を考察すると、そこに60年代のジャズが真っ先にイメージされます。簡単に例えれば、「モード以上フリー未満」の質感、これこそが茶会記なのではないかと。
誠に個人的ではございますが、そんな観点から上記のデータを掲載致しました。余り奇を衒わず？半永久的に観賞足る盤を選んだつもりでございます。

綜合藝術茶房 喫茶茶会記 profile

木野 彩子

　　　　　喫茶茶会記店主より
私が木野彩子さんと会えてうれしいと思うのは
常に全体的に真剣であるということ。
無論皆真剣な人が周りには多いのだけど「全体的に」
という副詞がかなりの意味を持ちます。
ダンサーとしての人生、ソーシャルアプローチ
混迷、多層化著しい状況に対峙し、
その中でしっかりとした軸というものを感じる行動
を感じます。

私が踊りを始めたのは3歳の時。言葉の出なかった私を心配した両親が近くのダンスのお稽古場に通わせたのが始まりだという。当時ピンクレディが流行っていて、女の子はみんなダンスに夢中だった。それから30年以上が経ち、私は今も踊り続けている。

私が踊り続けてきたのはかなり偶然によるもので、人生の節々で様々な人と場所との出会いがあったからである。高校時代の演劇や（今でも仲間の何人かは職業として活躍している）、大学時代の恩師と友人、卒業して入った劇団の人々、ダンサー、音楽家仲間たち。実は20年コースで繋がっていて、その縁でいまも続けることができている。

しかし職業ダンサーとしての生き方は不器用な私としては納得できなかった。ずっと完璧にはできない自分との戦いで、踊ることは楽しいことであったとは言えない。どれだけ大舞台でも、1500人満席という環境であっても私は楽しいという感触を得たことはない。

ダンスとはなんだったのだろうか。

楽しいとはなんだったのだろうか。

私は誰のためになんのために踊っているのだろうかとヨーロッパ時代はずっと考えていた。

2009年帰国してバイト先のBankART、そして茶会記に出会い、様々な人に出会い、私は私自身のために踊りたいと思った。

お金のためではなく、仕事のためではなく、そんなことはもっと器用にできるひとがいる。私は私が見てしまった景色を表すために、そして私が生きていくために踊ることにしようと思うようになった。

茶会記ではDance and Musicシリーズをはじめとして数々のトライアルをしてきた。開店から閉店まで続くパフォーマンスや音楽家も踊り出すようなセッション、トークを踏まえてのセッション、、、小さなでもこの小部屋は私にとって貴重な実験場で、その時の試みが今でも生きている。

パリにいた頃、家の近所のギャラリーで毎週末謎のパーティが繰り広げられていた。即興音楽や歌やいろんなことが起きながらただただ語る場。ビットデショーモン（公園）で滝に入りながら踊って、澄子さんが映像を撮ってくれたりした。その時のような自由さが茶会記にはあり、邦楽から狂言、クラシックから舞踏までなんでもありのそういうところが私は好きで、い

までも上京すると遊びにいく。(昨年より鳥取在住なのでなかなか行けないのが残念)
何をしても許される場所、そういう場所はそれほど多くない。
でもこの殺伐とした世の中で、それは希望の光であり、小さな声をひろいあげるそんな場所であり続けて欲しいと思う。私もまた踊りたいと思っている。

綜合藝術茶房 喫茶茶会記 profile

田中 亨

喫茶茶会記店主より
田中亨さんは茶会記でレギュラーメンバーでもある坂田明さんの後見人といってよい方です。私的にもつきあわさせていただいています。友人が九州に辛島文雄さんのライブに招待してくれたときも、仕事が丁度あるということで田中さんが合流してくれました。ジャズスピリッツを感じています。

写真が好きで写真関係の勉強をするために 1977 年福岡県大牟田市より上京して来た。

厚木市で四畳半一間、風呂トイレ共同、家賃七千円の写大荘に入った。

テレビも電話も無い、音が出る物は AIWA のラジカセのみだった。

FM から聞こえてくる音楽の中に jazz があった。魂に感じる音楽だった。

Coltrane・Miles・Evans・Dolphy・渡辺貞夫等いろいろな Jazz をカセットテープに録音して聴いていた。

たいした社会的な義務も無く、今のように電話やメールに拘束されることも無く、好きな事に没頭できる至福の 4 年間だった。

勉強はせず写真と jazz と麻雀とバイトに明け暮れた。

月賦で安いプレーヤー、アンプ、スピーカーを買い、レコードが聴けるようになった。

バイト代が入るとフィルム、印画紙等を買いに本厚木から新宿に出た。

未だ小さな店舗だった新宿西口ヨドバシカメラ、さくらや、カメラのドイを回り、隣にあるボンベイ(偶然にも福地さんの奥さんの実家)で田舎には無かった本格的なインドカレーを食べて、帰りにオザワレコード、トガワレコードで一枚の中古レコードかカット盤を買うのが一番の楽しみだった。

いろいろな Jazz や Fusion を聴いたが、友人から借りた山下洋輔トリオのレコードを聴いて衝撃を受けた。

東海大学建学祭で山下洋輔トリオを生で聴き、そのパワーと坂田明の Sax

綜合藝術茶房 喫茶茶会記 profile

の音に魂が揺さぶれ大きな衝撃を受けた。

当時、厚木のイトーヨーカドーの前にあった Jazz 喫茶 Far Out や大牟田の Smile に入り浸り、数多くのライブに行った。

そして 1982 年 ICP オーケストラ初来日の大分公演を聴いて、完全に Free Jazz の虜になった。

そのような中、勤務先に近い茶会記で私にとっては神のような存在で憧れの坂田明さんが Live を行うということで必然的に茶会記に出入りすることになった。

また、自分の仕事が顕微鏡屋という仕事上、坂田さんのミジンコ観察と繋がりが出来て、今では一緒に「ミジンコ合宿」と言うお遊びをさせて戴いている。

光栄である。

また、茶会記では写真家秋山実さんの「マイクロスコープ」浜野コレクションの写真集の出版記念パーティを 2012 年 12 月に開催させて貰ったことをきっかけに、今では茶会記のイベントの中では異色な「顕微鏡の会」を不定期で開催させて戴いている。

10 周年を迎えた茶会記は、今後も福地さんの感性の元で総合藝術茶房として、多種多様な文化イベントの足跡を残し人々を繋げて、様々な真実を表現できる場所として更に発展させていかれることを願います。

Carl Zeiss Microscopy 田中 亨

金子 雄生

喫茶茶会記店主より
金子雄生さんは「世界音楽」を感じさせる表現を一貫して演奏してくださっています。様々な表現形態をとられ、私が企画したインド音楽企画「Back to Nature　コンサート」では金子さんの共演者で懇意にさせていただいた井上憲司さんなくして会は実現しませんでした。ドン・チェリーのスピリットを継承されている方だと確信しています。

綜合藝術茶房 喫茶茶会記 profile

小学生の頃新部員として入ったブラバンで楽器を決める際、何もわからず「とらんぺっと」言ってしまった少年は、このひと言が後の人生を大きく狂わすことになるとは思いもしなかっただろう。

　　お年玉と貯金を足して買ったヤマハのスチューデントモデルのトランペットで一生懸命練習をし、中 1 のころにはマーチを演奏するとき、セクションで 1st パートを受け持つようになったころ、近所の音楽好きのオジさんに
「マイルスディヴィス知ってるか？トランペットやってるんならマイルスを聴かなくちゃいかん。」とオジさんの家に連れて行かれた。
4 畳半一間のアパートの殆どがオーディオ機器という（どこで寝てたんだろう？）すごい空間でまずオジさんがレコードに針を落としたのが Miles Davis [The Man With The Horn]
アルフォスターの強力なリズムとマイルスのミュートトーン
出された麦茶をこぼしているのも気づかないほど 少年は寄り目になり、放心状態だった。
それから少年は、グレた。
「へっ。マーチなんて吹いてらんねえぜ。マイルスみたいにクールに吹かなきゃラッパじゃねえぜ」、と生意気なジャズ小僧が出来上がった。
それからは坂を転がる石どころか ナイアガラの滝の浮き輪となって少年の人生、音楽に溺れることになる。
20 代、眼の前でアフリカの民族楽器を弾いてくれた Don Cherry はそのまま飄々とわらいながらどこかに行ってしまったが 民族音楽というヒントをくれた。
「Dunya Foli」という私の代表的なバンドへと導いてくれたのだ。
40 代、体調を崩し 30 代後半、入退院を繰り返していたワタシに アドバイスをくれた沖至さん。
「雄生、ソロやれ。ソロは自分が裸にされて、ネタも 10 分で尽きるけど、演ってるとでてくるんだよ。ある意味ラクだしな。」
。。ウソばっかり。ネタは尽きっぱなし。悶絶しっぱなしでぜんぜんラクじゃない。ヒドイ目にあったけど、ソロは続けている。おかげで随分と図々しく、あ、いや 度胸がついた。

体調の回復とともに活動を広げていき、ミュジシャンもジャンル問わず、詩人、役者、ダンサー、あらゆるアーティストともコラボレートできるまでになった。
現在は林栄一、カイドーユタカ、外山明とともにジャズバンド「万福House」を企画。ソロパフォーマンス2017「続・雲」。昭和歌謡演劇「ぱつら座」など。

今までいろんな影響を与えていただいた多くの方に感謝しつつ
これからも面白いことをどんどん企んでいきたいと。
あの日の少年は、変わらずにいるのです。

綜合藝術茶房 喫茶茶会記 profile

荒野 愛子

喫茶茶会記店主より
「PETROFで聴く荒野愛子による光太郎と中也の解釈音楽」
(喫茶茶会記店主筆) 20160605

先日、喫茶茶会記でも数度コンサートを実施してくれている荒野愛子のコンサートを
別会場に聴きに行く。チェコの美しいピアノ・PETROFでの演奏
荒野愛子とマッチする美観だ。
会場はPETROFを日程限定で配置している小じんまりした立派な会場。

本会は既存の詩をイメージしたオリジナル曲を演奏する会。
事前に詩を熟読、もしくは文庫本片手で聴くのもよろしいとも思う。
想像の世界を具現化できる方であればさらにとても深く音と詩が同時にしみわたるもの

2013年、「『智恵子抄』による ピアノとクラリネットのための小曲集」というアルバムを制作した。『智恵子抄』といえば、言わずと知れた、高村光太郎による妻・智恵子への愛を綴った詩集だが、光太郎の言葉を読む限り、智恵子との生活は壮絶なものだったに違いない。しかし一人の女性への愛を一心に傾け、生きる活力に満ちた、これほどまでに純粋な作品は他にない。私はこの男女の一生と詩の世界を音楽で表現したいと思い、アルバムを制作した。

茶会記のスピーカーで聴くこのアルバムは良い。店の灯りと空気感も手伝って、智恵子抄の世界に浸るには最高の環境だ。茶会記で聴いて気に入ってくださる方がけっこういて、知らない方から感想をいただいたり、販売サイトのレビューに素敵なコメントを寄せてくださる方がいる。大変嬉しい。

初めて茶会記に伺ったとき、カウンターにずらりと並ぶ「小林秀雄全集」を見た瞬間、この店は面白いと思った。小林秀雄といえば、詩人・中原中也と因縁の関係で、女を取り合った仲でよく知られている。中原中也に関しては私はこだわりがあり、2015年に茶会記でシリーズで開催した朗読会にも、毎回中也の詩を入れていた。そしてそのときに作曲したものを、つい先日新たなアルバムとして録音したところだ。

実は茶会記での出演は多くはないし、顔を出す回数も少ない、つれない客かもしれない。しかしことあるごとに茶会記は重要な拠点となっているし、店主は良き友人として仲良くさせてもらい嬉しく思っている。
次は中原中也のアルバムを茶会記のスピーカーで聴ける日が待ち遠しい。

ピアニスト 荒野愛子

綜合藝術茶房 喫茶茶会記 profile

聖児セミョーノフ

喫茶茶会記店主より
茶会記の初期段階、聖児さんは文筆家の大竹昭子さんが連れて来てくれました。
フランスのエスプリの効いた雰囲気を当時から醸されており、トラッドかつ上海租界風味な感じです。
是非一度、彼の von voyage を聴いてみてください。
下の素敵な写真はいつもお世話になっている、野﨑晶子さんによる茶会記での撮影です。

『茶会記』10周年。誠におめでとうございます。

10周年にあたり店主の福地さんから、光栄なことに執筆依頼をいただきました。
「喫茶茶会記との経緯、関連性についての記述が主ではなく、文字を読むことで表現者の表現形態が湧いてくるようなものがあれば・・。」
とのこと。

ですが、茶会記との経緯や関連性を述べることがそのまま福地さんの求めに一番近いように思いますので、そのように駄文を記させていただきます。

茶会記と僕との出逢いは文筆家の大竹昭子さんによるものでした。
当時、時々に大竹昭子さんとお茶をし、お話をし、表現についてのヒントをご教示いただいていました。
そんなある日、昭子さんにお連れいただいたのが茶会記でした。

ライブハウス以外で、唄う場所を探していた僕は訪れてすぐにココだ！と直感的に思い、そのことを店主である福地さんに伝えると快く受け入れてくださいました。

シャンソン歌手として活動することを決め、はじめて月例ライブをやらせていただいたのが茶会記です。2008年のこと。

ギター1本と生歌による平日夜の投げ銭ライブ。
経験も実力も、そして集客力もない僕には本当にありがたい機会でした。

今考えるとおそろしいほどに下手な歌を毎月毎月、それでも僕は一生懸命に唄っていました。
お客さんはというと、いつも片手におさまるくらいだったけれど、聴いてくださる人がいてとても嬉しかったし、歌を通して誰かと時間を共有できる幸せを心いっぱいに感じていました。

今も変わらず、僕はその延長線に在り、唄い続けています。

またある日、茶会記でのライブをライターの常田カオルさんが観てくださり、雑誌の音楽特集で記事を書いてくださいました。2010年のことでした。

今いろいろなメディアからの依頼をいただいた時に、僕のライブを観たことのない方からのものは基本的に丁重にお断りしています。茶会記ではじめて取材してくださった常田カオルさんの取材姿勢に触れた経験が今の僕の判断基準になっているのだと思います。

それから長らく月例ライブを続けるなかで、ある時店主の福地さんと意見対立し、茶会記での定例ライブをやめることになりました。
意見対立の詳細はここでは控えますが、僕は歌手として表現者として、その時に主張したことは間違っていなかったと思います。
が、また店主として福地さんが僕に主張したことも間違ってはいませんでした。
どちらが悪いというのではなく、信念を持って活動をしていると、お互いぶつかり合い、結果離別となることもあるのだと学びました。
歌手として茶会記での月例ライブをやめた僕でしたが、それからもフレンチローストの美味しい珈琲を飲みに変わらずお店へ通い続けました。
そんななか、茶会記のカウンターで出逢ったトマツタカヒロさんが僕に語ってくださったエディット・ピアフとピアフ最愛の人であるマルセル・セルダンへの熱い想いをきっかけとして、僕はエディット・ピアフの人生と向き合うことになります。
最も有名なシャンソン歌手であり、フランスの史上最大のスターであるエディット・ピアフ。
そのあまりの偉大さゆえに僕は彼女の歌をそれまであまり唄っていませんでした。

しかし、茶会記での出逢いをきっかけとして、後にも先にもたった一度だけ、

エディット・ピアフの歌だけを集めたコンサートを開催することになったのです。久しぶりの茶会記でのステージでもあったその公演は 2016 年のこと。

あまりの重圧にリハーサル中、声が出なくなったりと苦しみながらも、ピアフの没日である 10 月 10 日の深夜 0 時にはじめるというそのコンサートはトマツさんをはじめ、観に来てくださった人たちの熱気に支えられ忘れ難い公演となりました。

エディット・ピアフとまた新たに出逢いなおすことができたのは僕にとってとても大きな出来事でした。
そのコンサートを機にエディット・ピアフが唄った歌たちは今、僕の歌手としての重要なレパートリーになっています。
いくつか茶会記での出来事を記してきましたが、その他にも茶会記では本当にたくさんの出逢いがありました。
茶会記でもそうしてきたように、これからもいろいろな人たちと出逢いながら、溢れる喜怒哀楽を抱きしめながら、僕は生きてゆきたいと思います。

そんなふうに過ぎてゆく、人生そのものが僕の表現です。

福地さん、これからも文化の炎を心に灯す友として、きっと在り続けてくださいね。
随分歳下なのに、いつも生意気なことばかり言う僕ですが、どうかお見捨てなきよう。
これからも末永く宜しくお願いいたします。

『茶会記』10 周年。誠におめでとうございます。

聖児セミョーノフ Seiji Semenov

綜合藝術茶房 喫茶茶会記 profile

喫茶茶会記店主より

夜光さんは茶会記ではアンジェラと呼ばれています。それはアンジェラ・アキに似ているからです

アンジェラは2009年から喫茶茶会記に参画しているスタッフ(二代目副店主)だった方で、今でもイベンターとして活躍されています。彼女のプロダクトは不思議な物語の中にいるようで、なにかを感じさせます。アンジェラとは古いのでわたしの日常のダメなところも知っていて、アンジェラの結婚式にも行ったりして、親戚のようなものです。

徹底した禁煙派なので彼女のイベントの際はカフェも含め全面禁煙になります。

きっかけは壊れたアクセサリーでした。
金属製のアクセサリーに、なぜか木を使って修復しようと思い立ったあの時から、木の質感に惹かれ木工作家として活動しています。
幼い頃から私の中には可愛らしい乙女なものを愛する自分と、男性的でシンプルな格好良さを好む自分とが混在して、
『乙女のための作品』を掲げて可愛らしいものを作る一方で、男性に身に着けてもらいたいストイックな作品も製作しています。
思えば作家活動を始めた当初から『乙女』というワードに強く惹かれていました。
木工だけでなく、絵、レース編み、刺繍、お菓子作り…色々なジャンルにのめりこみながらも
肩書は自分の中で一番「これが私だ」と思えた木工作家を名乗っていました。

SEの仕事をしながら茶会記でお菓子を作り、アンジェラという名前で月曜店主を務め、様々な製作に没頭する日々。
20代前半を猛スピードで走り抜けていく様は、まるで真っ直ぐにしか進めない車の様でした。
そして今、少し立ち止まっています。

私は、乙女なものを作るよりも、乙女な作品を選んで人を集めてみんなで楽しむことの方が好きなのではないかと、最近考えるようになりました。
きっと私がもっと若かったら、この立ち止まりは迷いになって悩みになって、葛藤していたことでしょう。
今の私なら俯瞰で見ることができる。
ゆっくり歩きながら景色を楽しむことができる。
木工の道具を、段ボールにしまいました。
これはお別れではなくて、お散歩です。
木工はこれからもゆったりと続けていくし、
「空間演出をしたい」「もっと美食に触れたい」「植物に触れたい」「それをみんなで共有したい」
頭に浮かぶ新しい道にワクワクしている今日この頃です。

綜合藝術茶房 喫茶茶会記 profile

今年に入ってから『真夜中の乙女会』というイベントを主催し始めて早6ヶ月。
もうすぐ4回目の開催です。
このイベントは乙女な作品やデザートを集めて参加者と堪能するという、私の好きなものを集めたイベントです。
このお散歩がいつか作品作りに活かされるかもしれない。
真っ直ぐに走り抜けた日々が、新しい道を助けるかもしれない。
どうなるか分からないけれど、新しく見つけた道への興味が消えないうちに足を踏み入れて、私のこれからをお散歩したいと思います。

綜合藝術茶房 喫茶茶会記 profile

佐藤 由美子

喫茶茶会記店主より

ジャズ喫茶界では喫茶茶会記は認知されている方ですが、アクティビストが集うカフェでは全く認知されていません。
その周辺で影かなり響力のあるお店が「カフェ・ラヴァンデリア」。藤本さんと佐藤さんによって運営されています。
喫茶茶会記でも数々のイベントを企画されてます。本書も佐藤さんによるトランジスタプレスからの出版になります。
リベラルなラヴァンデリアと保守的な喫茶茶会記での共闘になりますのでかなり手強いです。
　今後の展開をお楽しみにどうぞ　笑

トランジスタ・プレスという一人出版活動と詩と物語を書く活動をしています。
そんなこんなを art up poetic butterfly という名前をつけてホームページも作りました。
https://artuppoeticb.wixsite.com/aupb
たとえ本にならないとしても自身の声を信じて書き続けること。これが私にとって生きている証かもしれません。今回喫茶茶会記さんの本に参加させていただくために、世界中に沢山いるそんな仲間たちへの手紙のような詩を書きました。詩には目に見える「口」はありませんが、朗読することで音や声のなります。ぜひ一緒に朗読して詩の「口」になってください。

パピー、パピー、モンパピエ

飛行機で1日の半分以上の時間をかけて到着した街で
オゾンのシャワーをたくさん浴びた
海とアスファルトの匂いがする人々と交差した
パピー、パピー、モンパピエ

朝ごはんの屋台でベーグルを買った通りの
肉屋の横の路地で出会った白い子犬
小さな黒い水玉が2つ、顔にくっついていた
パピー、パピー、モンパピエ

路地で出会った白い子犬の瞳を見つめ
血の繋がりはないけれど
共感できる何かと出会うこと
それが旅だと発見する
パピー、パピー、モンパピエ

この街の物語を書くために
真っ白なノートのページを開く
なぜなら、私の声が聴こえてきたから
パピー、パピー、モンパピエ

子犬の鳴き声が合図となって
子犬の黒い水玉、灰色の道、海がひとつに繋がり
ペン先にとても美しい色が生まれた
パピー、パピー、モンパピエ

綜合藝術茶房 喫茶茶会記 profile

Primary Jazz Server Since 1998/3/9
喫茶茶会記店主　福地史人

「ジャズ喫茶としての生き様」

昔は物凄い数のジャズ喫茶が群雄割拠していたが
一気に収束した。

故に残っているジャズ喫茶は本物であるということがいえる。
大音量との長きに渡る対峙から得られるサムシンエルス
はオーディオにおける物理特性で到達できない領域であると思料している。

演奏上の一寸狂わぬ音程、リズムキープの凄さを
最高のSN比で聴きとる所作を最上の悦楽としている人はもはやいない。

それは感心であり感動ではない。

その領域とは何かと問われた場合、それとは「人生的なるもの」
と応えざるを得ない。

喫茶茶会記はもはやジャズ喫茶ではない。
ただしジャズスピリットは保持していると確信している。

86B210
(ダンスアバンガルドデュオ)

喫茶茶会記店主より

前衛舞踊の二人ユニットです。以前は茶会記で隔月でイベントをされていて物凄い光の使い方に感動しました。茶会記の普通の調光器だからなおさらでした。横濱のBANKARTでの会も禁欲性と前衛性とセクシャリティが沈潜していくような幻想体験を得ました。現在は茶会記の近所で「呼応」というスペースを運営されています。

ご近所さんということでよく街でお会いします。
お互いダークサイドな雰囲気なので光の中で会うのは新鮮です。盟友感覚を感じています。

なぜ踊るのかなと考えた時に、生きてる感覚が味わえるから、
という答えが一つある。

携帯の電波も身体を通って行くから、電波の多い都会にいると身体に悪いんだ、それを防ぐには銅でできた部屋にこもるしかない。

などという嘘か本当かわからないことを教えて貰い、なんとなく街を歩いていても
あ、あの人の会話は今私の中を勝手に通過してるのか、、、失礼な。
いや、それとなくエロティックなのか？

などとぼんやり考えたり。

電子レンジのマイクロ波は細かく細胞を振動させてそれで熱を発生させてるらしい、
だから細胞は壊れてしまうんだよ。

とか。

舞台照明を決める時、シューティングする時、光と陰の粒子を追っていたり。

私達の身体もとっても拡大してみたら粒子の集まりだ。そこにいろんな電気信号が来ることによって
震えて反応している。

喜びに打ち震える、というけど本当に震えてると思う。

そんな震えが今生きている！という実感をくれるのです。踊るということを通じて。なんだか全細胞が盛大に震えて、
余計なものがバラバラと落ちて、本質的なことに手が届きそうになるのです。

大河原 義道

喫茶茶会記店主より

大河原さんは私が茶会記を始める前の最期の勤務先の同僚で、彼の車に乗っていろいろと深夜遊びに行きました。元チーマーのリーダーなのでエキサイティングな深夜でした。

当時から博愛的な詩を書いていて感心していたのですが、ずっと書き続けていて、わたしも感動してきて、ここ数年は茶会記のHPにも彼の作品を展開しています。それらの作品から選ばれたものが本として出版もされています。

いつ行っても福ちゃんは謙虚で居てくれる
懐の深い照れ笑いで場を盛り上げる
そんな茶会記マスターを友に持つ僕は幸せ者だ
決してブレることの少ない福ちゃん
そんな自然体な店に親しみを覚え常連さんも力を抜いて居る
実は駆け引き上手なのかも知れない
惹きつけるのだ
先の事などあまり考えていない
今の充実を心の拠り所にしている様に見えるのは演出かそれともいっぱい
いっぱいなのか
JAZZ に似ている
ひとりひとりの個性を尊重し合ってそこに流れる時間が茶会期なのだ
あっという間の１０年
沢山の幸せの種を蒔いたから今花開き毎日を充実させて居るのだろう
おめでとう福ちゃん
これからの１０年も沢山の才能との出会いに恵まれます様に
そして勿論、友情にも恵まれます様に

綜合藝術茶房 喫茶茶会記 profile

赤羽 卓美

喫茶茶会記店主より

赤羽卓美さんは松岡正剛さんの学校の師範でもあり、6年前より喫茶茶会記で一貫して第一木曜日「遊読夜会」を主宰され現在に至っています。
（年初を除く）深淵な読書美は茶会記の文学面への強度を補完してくださっています。
様々な表現者もご紹介いただき現在に至っています。

主客交代の読書遊戯

遊読夜会

　旅するときに手にする地図やガイドブック、それらを読むことで、あたかもその場所にいったかのような錯覚すら覚えることがある。よくできたガイドや解説がなせるワザともいえよう。しかし、旅の醍醐味は、そうした情報を越えたところにある。

　旅は道連れ、世は情け、この確信こそが、われわれ「遊読夜会」の目論みとなっている。行間に記述された物語に向かうべく、参加者によってテキストの一字一句すべてを音読していくプログラムは、孤独な読書では不可能な景色を垣間見させてくれるのだ。

　古今東西の物語は、少なからず解説やあらすじによってガイドされているといってよい。そうした標によって「あの手の物語ね」と避けることも少なからず、また、「その手の物語ね」と頁を開くことが多いのではないだろうか。知っているつもりになっていたり、難しいという評判から読まれなくなっている物語、そうした孤独な読書では始まらない読書を、毎月初週の木曜日の夜、共読・音読形式で奏しているのが「遊読夜会」なのだ。第一回目は 2011 年 11 月「世阿弥を読む」から始まり、三浦梅園、折口信夫「死者の書」、サンテグジュペリ「星の王子さま」から、「里見八犬伝」、宮澤賢治、エンデなど、2017 年 9 月まで 83 夜会を数えるところ。

　読書とは、読む行為と書く行為が表象された言葉である。「書を読む」というのが一般的な解釈であるが、「読む」こと＝ Input と「書く」こと＝ output を同時に行うことをこの会では実践している。「読む」こと＝ Input ばかりしていても、情報は得てしてメタボになりかねない。読んだら知識としてシェアすべく、その物語のナビゲーターとなり、物語を旅する人を先導するのだ。主客交代をコンセプトに、月初の木曜日、夜な夜な読書三昧を楽しんでいるのである。

かもめんたる
(岩崎う大、槙尾ユウスケ)

喫茶茶会記店主より

かもめんたるさんはクレバーでシュールな新しいコントの形態を披露されています。

う大さん、槙尾さんも普段クールで都市的な風合いです。実演をされる際は若手の芸人さんがサポートされ、いつも強度の高い内容になります。

茶会記近くのサンミュージック所属されていて、
たまに街でお会いしたり、忘年会にも参加していただいたこともあり、かつ出演アーティストまで紹介してくださいます。
クールな雰囲気と裏腹に温かみを感じるお二人です。

女：言葉売りの少年だ。かわいそうに。
青年：え？いや、好きでやってるんで
女：何、それを私が買うと、あなたがもうその言葉をしゃべれなくなるの？
青年：どういうことですか。習字で書いたものをですね、売ってまして。良かったら作品見てくださいよ。
女：はい、どれ。
青年：例えばこれ。（色紙を渡す）
女：いくらすんの？
青年：千円です。
女：頂戴。
青年：いやちょっと待って下さい。読んでください。
女：（読む）「ありがとう、と言うと相手が笑顔になる。ほら、あなたにも魔法が使えたよ。マモル」（首をかしげ）ちょうだい。
青年：待って下さい。「ありがとう」っていう言葉はすごく素敵な言葉だから、その言葉の素晴らしさに気づいて欲しくて
女：（遮って）ください。
青年：・・・あんまり気に入ってないのに買われても嬉しくないです。
女：もういいの、お金あげたいだけだから。
青年：だからそれが嫌なんですって！僕、アーティストなんで。なんでそんな・・・お金持ちの方なんですか？
女：うん。最近、宝くじで6億当ててね。
青年：6億？？
女：そう6億。59歳で6億だから。気まぐれに買った宝くじが当たったの。息子も立派にやってるの。もう私、上がりだからさ。恵ませろー！
青年：・・・でも僕、アーティストなんで。何も羨ましいとも思わないし。僕の言葉たちには、ちゃんと大事にしてもらえる人のところにもらわれていって欲しいんです。じゃあこっちはどうですか？「同い年？長い地球の歴史で見たら、人類みんなが同い年。マモル」
女：買わせて。
青年：だから、感動してないもん。
女：いいから早く買わせて。移動して他のかわいそうな人からも買ってあ

げたいから。
青年：はい！はい！はい！もうあなたには売りません！僕、アーティストなんで！帰ってください！
女：なんなのよあんたさっきから！アーティスト、アーティストって！パクりみたいな活動して！鈍い言葉で、御涙ちょうだいしようとして！
青年：鈍い言葉？
女：何も引っかからない、荒削りとかそういうものでもない。この状態が頭打ちで、基礎も腐ってる、伸びしろのない、どちらに転ぶこともできないような。ゴミにすらなれない、自己満足の燃えかすだ、こんなもん。
青年：自己満足の燃えかす？
女：繰り返すないちいち！あんたの口から「僕、アーティスト」って言葉が出る度にあんたがそのアーティストって存在から遠ざかってることに気づかないのか！
青年：うるせえ
女：うるさくない！しょうもない壁作るな！これを成長するきっかけにしてみろ！誰も傷つけません、幸せお届け人です、みたいな耳触りのいい言葉並べて！ちょっと否定されたら「うるせえ」ってどういうことだよ！
青年：もう、関係ねーだろおばさんに。
女：何がおばさんだ！人類みな同い年なんだろ？だったらてめえがそれを差別するような言い方するんじゃないよ！バカ透かし！あんたはね、街歩いてる誰よりも下なんだよ！それぐらいの覚悟でやりなさいよ！
青年：やってるよ
女：やってないんだよ。やってないから今も言い返してくるんだよ。覚悟決めてやってる人間はね、てめえの作品買う人がそれを本当に理解してるかなんてね、そんなこと気にしないで売るんだよ！あんたにはこれを仕事にする覚悟がないだけなんだよ！

（コント「言葉売り」より）

綜合藝術茶房 喫茶茶会記 profile

JOU
(odorujou)

喫茶茶会記店主より

JOUさんは茶会記のコンテンポラリーダンス始祖の方で、そのきっかけで様々な派生ができて現在に至っています。

独立系ダンサーの集会を茶会記で実施してくださったり、様々なワークショップを主宰されています。

現在のダンス主格の一人木野彩子さんとの早い出会いもJOUさんあってこそなのです。

綜合藝術茶房 喫茶茶会記 profile

新聞の文化コラム執筆では「舞踊家」
プロ〜アマ、老若男女、親子・他人、車椅子チーム、
様々な人々が集う様々な身体表現・ダンス講座では、講師。
武蔵野美術大学では、メディアアート演習における身体表現と感覚、
アナログ・プログラミング的な指導を担当する非常勤講師。
映画や演劇のクレジットは、振付指導。
最近関わっている商業演劇では、演出秘書的役割で音楽助手。

人生最初の仕事は、事業部。今思えば、本社の取締役の秘書的立場。
ホテル、旅館、ゴルフ場、スキー場などの事業所のトップの方々と出会い、
可愛がっていただいた。やがて、本社から事業所の宣伝広報に移籍。
寿退社後は、アメリカ（カリフォルニア州）、マレーシア（クアラルンプール）
と、企業戦士を支える駐在家族生活をしながら、ダンスの勉強に没頭。
時を経て、志芽生え、勉強がやがて活動になり、東京を拠点に時々海外（アメリカ、フランス、オランダ、ドイツ、イギリス、デンマーク、韓国、インド等）という 10 年間の後、拠点を父の故郷・鹿児島に移し、芸術での地域おこしに奔走。

現在はお江戸に身を潜め、一体、何をやっているのか？と聞かれたら、創造の泉とともに「ワクワク心躍る状態＝Odorujou」変わらず毎日、やってます。

日英語・身体・芸術舞感覚・秘書精神、をフル稼働させて、小さな案件から大きな案件まで、人や場を縦横無尽に、陰に日向に、今をお助けする役が、最近のマイブーム。

綜合藝術茶房 喫茶茶会記 profile

MIYA

喫茶茶会記店主より
miyaさんは茶会記黎明期からの仲間です。
一番最初の出会いはジャズサイト・You Play JAZZ?
で宮之上貴昭さんとの対談の取材でした。
山下洋輔さんの秘蔵っ子としても有名なmiyaさん。
初演は宮之上さんとの「miya2」でした。
プログレッションの過程著しく、茶会記においての
現在は「connecting place」そしてそこから派生した
新月近くに行われる「namkang」
慈愛に満ちた音の自然な変遷を綴られていて現在に
至っています。

私の好きな音楽。

身体の中からシャワーを浴びるような音楽。
何者でもない自分の素の身体が浮かびあがり、
言葉では説明できないことが空気の振動を通して直観で身体に入ってくる。

奏者と聴き手の関係性で変化する音も好きだし、
関係性が断ち切れた時に広がる音の宇宙の広がりも大好き。

アンサンブルの好きな所。

自由と秩序。
以前、ドイツの友人、Wolfgang Georgsdorf 氏に頂いた、
The Tokyo Improvisers Orchestra への寄稿文に、
「即興奏者が集まるオーケストラは、
未来都市の人間の関係性の理想形」だという言葉があった。
多様性が当たり前のように存在し、お互いの音を尊重しつつも、
指揮者の即興的な指示によってバランスが保たれ、
一つのアンサンブルとして成立することは本当に美しいと思う。

その他に好きなこと。

寝る事 / シャンパーニュ / 乗馬 / 何か違う次元と繋がった（かもしれない）時のふわっとした感覚 / 骨董通りで人間観察 / 竹下通りのエネルギーに揉まれること。

綜合藝術茶房 喫茶茶会記 profile

村田 亜樹

喫茶茶会記店主より

亜樹さんは古くからのお客様で仲間です。
陰翳礼讃な茶会記を明るくするキャラクター。
多種多彩な方を紹介されていて、わたしは「村田
亜樹系統の方」とか言って紹介したりもします。
現在は中国茶会を主宰している一人です。

珈琲が好き
Cafeが好き
服が好き
人との交流が好き

漠然と、それだけだった、ワタシ。

Jazzが好き
生演奏が好き
喫茶が好き
舞台が好き
ダンスが好き
歌が好き
パフォーマンスが好き
アートが好き

中国茶、大好き？

茶会記と出会ってからは、好きなものが増えたワタシ。

中国茶との出会いのきっかけも、茶会記。

今や定期的に中国茶会を開催できるようになった。
あまりに奥深い中国茶の世界…
それでも誰よりもお茶バカになりたいと、中国茶への想いが強まるばかり。

茶会記で感性を磨かせてもらい色々引き出されている、今のワタクシです。

綜合藝術茶房 喫茶茶会記 profile

松本 ちはや

喫茶茶会記店主より

松本ちはやさんはパーカションの鬼才で参加しているユニットで、ちんどんやの全国大会でも三連覇を成し遂げています。
変幻自在と並行し、超禁欲的側面もありそのダイナミックレンジに熱いものを感じます。なにもたたかなくてもサウンドが聴こえてくるようです。

鳥や家鴨の鳴き声
朝露の零れる葉
響きわたる水飛沫
無重力に転がる石
時間と空間の歪み
熔岩の流れ迫る恐怖
やんちゃな仔猫の爪研ぎ
車窓から移りゆく住宅
ちいさな昆虫の羽
細胞を思わせる緻密な絵画

誰にでも音が出せるパーカッションという楽器を使って、わたしは総てを表現する。

きっとそれは、懐かしい想い出の一瞬
きっとそれは、まだ見ぬ新しい発見
きっとそれは、目を背けたくなる恐怖

きっとそれは、思わず触れたくなる愛しさ

綜合藝術茶房 喫茶茶会記 profile

松峰 綾音

喫茶茶会記店主より
シャンソン、フレンチポップスの訳詞を手掛けられている松峰綾音さん。
綾音さん自らが心を込めて詠う風合いに聞いてる自分もフランス人になった気持ちになります。
文化の香りが漂ってくるようです。

「茶会記」10周年に寄せて
　　～言葉の力・音と音との空間～

2017年4月16日『をみなごに花びらながれ』コンサートを行った。
茶会記までの道すがら、抜けるような青空に映える名残の桜、花吹雪、歩道に積もって春風にクルクルと巻かれる風情が格別の趣を添えていた。
「訳詩家で歌手の松峰綾音です」というだけではピンとこないことが殆どなので、いつも少し言葉を補って、「主に1980年代以降の、日本で未紹介の、シャンソン・フレンチポップス・フランス歌曲等を中心に、作詞・訳詞を手掛ける＜訳詩家及び作詩家＞です。
それに加えて、自作の詩で歌う＜歌手＞としてのコンサート活動も、東京と京都で継続的に行っています」と自己紹介することにしている。
興が乗ると更に口は滑らかになり、「現在、日本に紹介されているシャンソンは、一昔前の限られたものに留まりがちで、生き生きとした現在の風を感じるフランスの優れた音楽への、そして新しいアーティストへの理解が希薄過ぎる気がするのが残念でならないのです。
また、それを伝える際の日本語の詩も、時代の錆を払拭できなかったり、ただ対訳しただけの、洗練された日本語としての力と魅力を感じさせないものも多くあるように感じています。
私が向かっているのは究極にはフランス語ではなく日本語の持つ芳醇な世界なのかもしれませんね・・・」とどこまでも熱く続いてゆく。
「松峰綾音訳詞コンサート vol.10 」、10周年記念コンサートを昨年2016年8月に終え、ほっと一息ついていたのだが、11年目からは、長年の懸案であった＜朗読とシャンソン＞を融合した新たなコンサートの形にも着手したいと考えていた。
昨年末に早速、『シャンソンと朗読の夕べ』シリーズと銘打って、京都でその一回目『クリスマスの贈り物』を開催し、その第二回目が『をみなごに花びらながれ』、この茶会記でのコンサートとなった。

「綜合藝術茶房 茶会記」の名は、京都で共演しているピアニスト坂下文野

さんから以前聞いたことがあり、ずっと心に刻まれていたのだが、訪れた瞬間から、この新シリーズは是非ここで、と思い定めた。
店内は、清廉で、どこか懐かしい穏やかな空気に包まれている。
子供の頃の隠れ家のような・・・学校の図書室が大好きだった自分には、カウンターにさりげなく並べられてある文学書の匂いが、ふわっと本来あった時間を戻してくれる気がしたのかもしれない。

店主の福地さんの、文学青年、あるいは演劇青年のような深い面差しが自然で温かく、淹れて下さる珈琲の飛び切りの美味しさにも大いに心惹かれた。

　『をみなごに花びらながれ』は、三好達治の詩集『測量船』に収められた詩『甃のうへ』の一節から採った言葉である。

乙女たちが桜吹雪の舞い散る中、静かに語らいながら、古寺の石畳を歩んでいく。石畳の上には白い花びらが降り積もり、目を上げると、澄んだ青空に桜が眩しく映えている。

　寺院の廂（ひさし）の風鐸に、幾星霜を経た揺らぎない美しさの矜持を感じる。
　歩みを進める甃の上に、自分の影も静かに歩んでゆく。
　艶やかで、閑寂で、孤高な、美の世界がこの詩には横溢している。

そして大岡信の随想『言葉の力』抄。
桜が開花する前、既に、その黒い幹に美しいピンクの樹液を漲らせるように、言葉の一語一語も、その背後に花びらを生み出している大きな幹を背負っている。人間全体の世界を背負っているのではないかという含蓄深い詩人の言葉がある。

もう一作、この日の朗読に坂口安吾の小説『桜の森の満開の下』を取り上げた。

敢えて抄編とし、物語の流れは自分の言葉で再構成した。
原作の持ち味を損なわずに、ここぞという原文を残して・・・原詩を日本語訳詞に作っていく作業に酷似していると感じながら。

＜歌うように語り、語るように歌いたい＞

言葉と音律とが一体となった世界が、シャンソンの本質と感じられるから、朗読をシャンソンのコンサートに取り入れたかったのだと思う。

そして朗読も歌も共に、声が聴き手の心に届くまでの微妙な間＝余韻のようなものが不可欠であると痛感している。

　　音と音との間を楽しみたい。
しかも、そういう間というものは、まさに一期一会で、聴き手や会場の雰囲気などの様々な条件と相まった、その時一回きりの時間の中で作られてゆくもののような気がする。

コンサートは、『桜の森の満開の下』の朗読から始めて、不可思議な世界を表出して行く何曲かのシャンソンに自然に繋げて行く構成とした。

二か月経った今も、寂寥感や美的世界の不条理などを覗き込んだあのコンサートの時間に、私自身まだどこか幻惑されている気がしている。

日本的な独自の感覚で捉えられる「桜」と、フランスのエスプリが凝縮された「シャンソン」、・・・・対極にある両者の接点が一つになって行く実感を得た「茶会記」での貴重な時間だった。

最後になりましたが、「茶会記」10周年記念をお迎えになられ、誠におめでとうございます。

コンサート、演劇、ダンス・・・さまざまな創造と表現の発露をこれから

も見守り育んで、「茶会記」という空間は、生き生きと躍動する魂を背後から支える力を更に強く持っていらっしゃるのではと思います。

これからもご縁を頂けることを願いつつ、「綜合藝術茶房 茶会記」の益々のご発展を心から祈念申し上げます。

綜合藝術茶房 喫茶茶会記 profile

山田 真介

喫茶茶会記店主より

山田真介さんは yamasin であり yamasin(g) でもあります。

yamasin さんは画家として茶会記でも年に一回個展をしてくださいますし、yamasin(g) さんに喫茶茶会記の企画イベントのフライヤーデザインをお願いしています。

大手がだすようなクオリティの高いデザインを提供してくださいます。店主と同年でお互い違うキャリアですがなにか相通じるものを感じます。

本業のグラフィックデザインの傍ら、毎年一回絵の展覧会を開くことを自らに課している。デザインは受注仕事なので依頼が無いと基本的にはやれ（ら）ない。しかし絵は基本的には自分の為に描く（展覧会は観に来ていただくお客様の為に開く）。いわば自分がクライアントだ。一番厄介な相手かもしれない。もちろんノーギャラだ。いや制作費や費やす時間（数ヶ月）を考えると持ち出しだ。どうしてそこまでしてやるのか。きっかけは師匠の一言、『デザイナーたるもの、絵くらい描かんとアカン』。『じゃあ、やってやろうじゃないの！』と鼻息荒く意気込んで初めての展覧会をやったのはもうかれこれ 15 年ほど前のこと。刷り上がった DM を師匠のもとへ持って行ったら、ちょっと戸惑った表情で（『こいつ、ほんまにやりよった・・・』）、
『始めたらずっと続けなさい』と返された。そうしてその教えをずっと守り続けている。

　ギャラリーやライブハウス、映画館の壁面などで展示し、廻り廻って辿り着いたのが、ここ四谷三丁目にひっそりと佇む喫茶茶会記だ。初めはデザインの仕事でやってきて壁面が気になった。ベレー帽の店主（とは同い歳）とカウンターに集う人々を観ていて、是非の壁に絵を飾ってみたいと思った。

　僕の絵のスタイルはアクリル画→コンピューター出力→炙り出し、そして今はペン画と変わってきたが、常に展示する場所は意識して、そこに絵ごと寄生するのが密かな狙いだ。もともとそこにあったかのような絵。気にする人はするし、全く気にも留めない人がいても構わない。ただお店の空気は変えない。でもそこに"在る"ことだけを意識している。喫茶茶会記での展示は今のところ狙い通り行っている気がしているのだが、どうだろう。

　酒も珈琲も煙草も飲まない、吸わない、嗜好品の無い人間にとって、お店のカウンターは決して居心地の良い場所ではない。時には恐怖さえ感じる。しかし喫茶茶会記のカウンターは安心して居られる。お節介な店主がいつでも、ほぼ誰でも紹介してくれる。自分が紹介されるに値する人間なのだと気付かされた。人見知りであまり喋らない自分がここでは時に饒舌となる。また展覧会中は、与えられた特権として自分の好きな音楽を持ち

込んで掛けさせてもくれる。ああー、そんなことがあって良いのか・・・。良いのか。ここは自分でいられる場所なのだ。『好き勝手やってやる』と思って重い扉を開き、カウンターの端に座って息を潜めている。そうするとまた店主から声が掛かる。『○○さん、この方がyamasinさんで、茶会記の枢軸的存在です・・・』

綜合藝術茶房 喫茶茶会記 profile

MAHA

喫茶茶会記店主より
MAHAさんは日本ベリーダンスの草分けを担った方です。
ベリーダンス以外の様々な分野のお客様からもそんなお話をききます。ご近所ということもあり気軽にお越しになることが嬉しいです。
MAHAさんはリスクを恐れず様々な分野にチャレンジされています。
喫茶茶会記が心強く思う存在です。

西洋でも東洋でもないミドルイースタン。
異界、魔界、秘境に憧れる少女時代。人魚や天女や天使になりたいと思っていた。
地に足が付いた人間じゃなくてね。
踊ることに憧れていたけど子供の頃からやってないとダメだろうし、第一お金持ちの子でないと踊りなどできないと思っていた。
私が子供の頃に踊りを習っているのは社長の娘ばかりだった。
女優にも憧れていたけど美人じゃないとなれないと思っていた。いろいろな意味で自分は不細工だと思っていた。
人形を作ったり人形劇をやろうと思ったのも舞台に立ちたいけど自分はダメだと思っていたからだった。
１９歳の時に当時、東方夜総会と名乗る（のちに白虎社となる）暗黒舞踏の合宿に参加した。まさか踊るとは思っていなかった。和歌山の山の中で予告なしに起こる数々の試練。怒って帰った人も多く、男２０人女２０人の参加者の中で残ったのは男１０人、女５人だった。
これがオーディションだったのか私は残った。「踊り子になりなさい。」と言われた。
「踊り子はね、『おはようございます。』と『お疲れ様でした。』それだけしゃべれればいいのよ」「人形を作りたければあなたが人形になればいいのよ」
私は芸術家に憧れていた。どうやったら芸術家になれるんだろう。芸術家はどうやって食べているんだろう？
私はキャバレーの踊り子になっていた。思っていた芸術家とはだいぶ違う職業だ。
でもステージに立ってひとに観てもらえるのは楽しかった。
１５分ステージを２回一日３０分。それが私の生きている時間。私はキャバレーの踊り子をやりながらも依然として芸術家に憧れていた。
私はキャバレーショーの一つを必ず『オリエンタル』という演目にしていた。
「『ベリーダンス』というのがあって向いていると思うからやってみたら？」と勧められて当時は日本に一つしかなかった海老原美代子先生の門をたたいた。一年半後には海外で学び始めた。今までひとりで腰の回し方を研究していたが先人の築きあげた技術はさすがに素晴らしい！一生かかっても

一人では開発できないだろう。さらに官能もダンス芸術になりうるという展望が見えた。これこそ素晴らしい芸術！腰ふり踊りをバカにした輩に目にものみせてくれる。腰ふりも美しい芸術になりうるのだ。

ベリーダンスは全人類の心のふるさと的な踊り。女性ならではの母体のダンス。

人魚のようでもあり天女のようでもある。どこの国のものでもない、異国感。

３０年ぐらいやっても飽きることなく竜宮城のように暮らしてきました。

そろそろ原点に戻って人形として生きることから人形使いを目指してみようかなあ。

綜合藝術茶房 喫茶茶会記 profile

高橋 由房

喫茶茶会記店主より

高橋由房さんは Headphone Ensemble Project という
ユニットを編成される未来志向のアーティスト。マ
イペースな風合いで長いお付き合いをさせていただ
いております。

綜合藝術茶房 喫茶茶会記 profile

まず、サイコロを用意します。
選択肢が現れたらサイコロを振って、出た目の番号を読んでください。
もしかしたら、それが正しいプロフィールかもしれません。

・私が喫茶茶会記を訪れたきっかけは(1.役者 / 2.会場 / 3.珈琲 / 4.恋人 / 5.猫 / 6.言い訳)を探していたからです。

・私が企画する HEP とは(1.発酵食品の試食 / 2.無意味なテキストを読む朗読 / 3.チャトランガ / 4.偶然性に従う前衛あやとり / 5.聴衆に聞こえない音と共演する即興演奏 / 6.屋内で楽しめる冷温花火)のイベントです。

・他にも茶会記の壁面では(1.来訪者が自由に描きこめるキャンバス / 2.道路標示に重ねた自分の影の写真 / 3.スーパーで買った魚の魚拓 / 4.戦前の写真が読み取れる QR コード / 5.架空の作家の肉筆原稿 / 6.フリー素材の画像を出力した掛け軸)の展示をしました。

綜合藝術茶房 喫茶茶会記 profile

上原 英里

喫茶茶会記店主より
上原英里さんはたった一人で空間を埋め続けるさすらいの弾き語りです。ボヘミアというバーを20年以上経営されていたり、店主が想定できないようなディープな文化的キャリアを持つ方です。英里さんは茶会記のレギュラーで2009年より活躍されています。ライブ系では筆頭格です。英里さんから日々いろいろと得ています。

綜合藝術茶房 喫茶茶会記 profile

その店は大塚の都電沿いにありました。ある年の冬、私は成りゆきでその店を居抜きで手に入れました。まさか以来20余年の人生をそこに費やすなどとは、当時の私には考えの及ばぬ事でした。飲み屋に集う人々は私より年輩の人達ばかりで、20年も経つ内には何人かは亡くなり、あるいは行方知れずとなり姿を消していきました。ある者は哲学を、ある者は詩を、ある者は楽器を、ある者は絵筆を残して。私はそれらを、店に堆積するガラクタと共に捨てずにコレクションし続けました。ある年の夏、私は成りゆきで店を閉じました。始めた時と同じくそれは、突然に強く人に頼まれた故の運びでした。色々な意味で飽和状態に達していたその小さな時空間は、途端に開放され拡散を始めました。同時にそこに集っていた者達は(店主も含めて)ボヘミアンとなりました。

今や私は店の遺産…この20余年に譲り受けた哲学や詩や楽器や絵筆を供にあの町この町を巡り歩いております。私が茶会記で演奏すると、たまに客席にボヘミアンが紛れ込みます。何人かが顔を合わせるとなると、そこはひと時懐かしい故郷と化し彼等は酒を酌み交わし、はしゃぎ始めます。しかし茶会記は、そんな年輩の彼等をも余裕で飲み込む坩堝であるのを感じます。若き店主の眼差しの温かさを感じます。…気がつけばこの店とも、存外長いお付き合いとなりつつある様でございます。／シャンソン流し(元「ボヘミア」店主)上原英里

綜合藝術茶房 喫茶茶会記 profile

片岡 一郎

喫茶茶会記店主より

片岡一郎さんは第一線で活躍されている活動弁士。茶会記の初期段階より金田愛子さん率いる無声映画の会で弁士として実演されていました。ですので、無声映画や蓄音機の会等の実施は他店と比較して喫茶茶会記は比率が高いです。

古き良きものに新しい息吹を与える。そのような気持ちを片岡さんより前々よりいただいてました。

現在は外国（ドイツ、アメリカ）からも招聘されて啓蒙されています。茶会記で会を続けていただいていることを感謝しています。

現代日本で無声映画といっても通じない。とても悲しい事だけれども通じない。
ましてや活動写真弁士なぞといったことろで全く通じないのである。
私はその活動写真弁士だ。
ところが茶会記では通じるのだ。
きっとこのお店にはちょっとどうかしている人たちが集まっているのだろうと思っている。

無声映画時代には全国に7600人以上も居た活動写真弁士が現在では10人ほどしか居ない。
なぜだろうか。おそらく多くの人は「時代遅れだからだ」と言うのだろう。
ンな事ァ分ってるんだ。
おまけに無声映画関係者が「古すぎて却って新鮮」なぞと宣伝文句に使いやがる。
冗談言うな、である。手前の稼業を却って新鮮とは何事か。
無声映画は面白いのだ。
現代の語り手が台本を書きそして演じ、現代の音楽家が演奏をする。
古すぎるどころか、こんなに今を体現できる芸能はそうそうないのだ。
その渦中に自分がいる悦びを何としようか。

自分のやってきた仕事をここに列記するのは些かイヤらしいので止めておこう。
けれど、結構活躍してるのよ、俺。いや、それ書いちゃ台無しじゃねえか。
そんなイヤらしい私が自由な会をやらしてもらっているのが茶会記だ。
茶会記のお客さんは私を全部受け止めてくれる様な気がする。
きっとこのお店にはちょっとどうかしている人たちが集まっているのだろうと思っている。

Primary Jazz Server Since 1998/3/9
喫茶茶会記店主　福地史人

「感動体験と恨み」（福地筆 20140715）

形而上的風合を標榜している喫茶茶会記。
形而上的＝理想的なるもの。　形而下的＝即物的で利益中心的
といったイメージが概ねある。

ところが形而上とは恋愛感情、恨み、苦しみ、妬みも含まれる。
よって必然的にそのような概念を志向している場なのだから
多くそれらが作用しているといってよい。

だからといって男性的というか藝術受容で得たフィジカルな衝動
乃至、衝撃的な体験等も形而上的体験になる。

人間だからこそリアルな体験が可能なのであって、虫はリアルな体験はできない。
すべての感動体験とは形而上的体験であって形而下的体験ではない。
形而下的体験とは個々人や所属体での知識や所有等物量的な差異によって生じる
優越感や屈辱感である。野生の動物達が日々得るそれらの発展系である。

従い喫茶茶会記では藝術をネタに蘊蓄を語る者より
蘊蓄を知らない者が実力（感動体験の質量）で凌駕する局面が多々ある。

感動体験と紙一重でもある恨み、苦しみ、妬みは
形而下的状況に下降しやすくもあるが
美しくも解釈可能だ。

上記の陰鬱めいた心音をベースに博愛的な店舗を持続し潜航している。

松本 充明

喫茶茶会記店主より

　松本さんは茶会記初期段階から、ある意味本音ともいえる会を開いてくださいました。
クロワズモンという会。交差点の意味になります。
ソロアルバムも茶会記で録音されました。ジャケットの題字は白石雪妃さんです。
その名も「弧導」。

松本充明：視聴覚作家/sound performer

「......御国はあなたがたの内にある。そして、それはあなたがたの外にある。あなたがたがあなたが た自身を知るときに、そのときに、あなたがたは知られるであろう。そして、あなたがたは知るであ ろう、あなたがたが生ける父の子であることを。しかし、あなたがたが自分自身を知らないなら、あ なたがたは貧困に住み、そして、あの貧困があなたがたなのだ。」『トマスによる福音書』

「それはいかなる結果であれ、それに向かうために手段こそがその結果をもたらすものであって、そ れ以外のものではない、ということを認めるのは重大である … (中略) 実際には手段が結果を直接 的に規定し、結果が手段を間接的に規定する。それ以外のことは意味を持たない。」Patrick J.Macdonald『アレクサンダー・テクニーク ある教師の思索』

これらの言葉は自分の活動の根幹に位置する考えである。あくまで考えであって、信仰でもなければ 思想でもない。そもそも自分の活動は何らかの思想や感情を「表現」するものではなく、「意味」を持たず存在しない「仮想的なもの」を製作することである。空間や時間の流れに働きかけ微細な、自分ではつかみき れない何かが作用する「場」の創造に寄与し、その空間の中にもともと存在しなかった要素を引き入 れる。それによって「場」を共有する人々が規定されていない何かを感じることを目的としている。結果は「制作される」ものに規定されず、制作されるその時間－方法自体が主体となる。

また私にとって、引用したトマスによる福音書の「御国」は死後の世界の信仰的観念を表すのではなく、一つの開かれた精神や思想の状態であり、ごく簡潔に述べると「場」の制作は「御国」にたどり 着く一つの段階なのである。
こうした指標を活動の背景に持つことは、往々にして同意を得にくいことで、所謂アーティスト的表 現を求める活動と異なるかもしれない。しかし、

喫茶 茶会記の持つ独自の雰囲気はその差異を受け入れられる場所だと感じているし、そうであることを期待させて頂いている。
「・・・ただ人間同士のむすびつきや共通の信念の肯定は、ある条件のもとでしか正当に実現されえない(中略)そして、その条件とは、精神(エスプリ)をもって信じ、心情を失わずに同意するということである。」Jean Grenier『正統性の精神』

http://www.4-em.net

綜合藝術茶房 喫茶茶会記 profile

梅嶋 隆

喫茶茶会記店主より

気鋭系イベントの常連様でカフェ目的でもたまに来てくださる梅嶋さんの写真はとても浸透性を感じます。占いをされるということで人にも浸透できる術があるのかも。

梅嶋隆　　　占い師、写真家（会社員）

専門はタロットと水晶視で、そこそこの人数を占ってきた。

専門領域では、対象をじっと観察してその本質を言語化することが要求される。タロットでも、水晶でも、オーラであってもそっと、だが突入するように観察する。すると、微妙に何か温度や空気感の違いが炙り出しのように浮かび上がってくる。慣れてくると、これは別の色彩や映像に置き換えて観たものを翻訳できるようになる。翻訳してから更に意味の理解（解釈）の作業に入る。

大変な作業のようだが、実際は楽しく、何かが浮かび上がってきた瞬間は、上質な映像やオーディオに触れた時のような自身の奥底の何かが動くような新鮮な感動がある。これは、何年も占いを継続してきた今も変わらない。

占いとは別に写真家としても活動しているが、これも同じで天啓のように、ある何かがが美しく感じることがある。アンテナを立てて日々生活をすると、「この景色は！」と思うような瞬間に遭遇する。これを撮影している。これは茶会記で以前に開催されていた異文化交流ナイトに撮影として長期に参加させてもらったことが生きている。様々な分野の芸術家を撮影する機会があり非常に幸運だった。（この場をお借りして、お礼させていただきたく、関係各者本当にありがとうございました）

西川 祥子

喫茶茶会記店主より

本書 Profile 1 を考えたきっかけは祥子さんの profile を読んでからになります。
表現者としての人生をそのまま映し出す鏡のような直観的な文章の描写。
この文章が真の profile だと考えて 10 周年記念ということも相俟って，レギュラー各位に依頼、本編纂集をつくるに至りました。祥子さんのプロファイルは、わたしが最初に読んだ内容のままで今回変更をしていません。
彼女の一貫性、気概を感じます。あるお客様は「西川さんはゴシック・ロリータを文化としてメディアに展開した重要な方なんです」と仰いました。概ね、幻想文学系では陶酔系の文章が多いですが先のお客様の見解はわたしにとても響きその真摯な文化啓蒙的姿勢にセクシャリティも感じます。祥子さんが今回の本の構成、デザインもしてくださっていることも綜合藝術的香りを感じます。

編集者だった。編集者で本を作っていた。本が好きで、読めない言語でも文字面が綺麗だと感じる古本を見つけると、時々買っていた。自分が作っていた雑誌が休刊になった。しばらくずっと誰とも会わなかった。喋る事もしなかった。無言で時を過ごし、図書館に通った。それほど興味が無くても、なんとなく目についた本を手当たり次第に読んでいた。その中にカルトナージュ（製本技術とその応用）の本があったので、借りて帰った。『自分一人でも本が作れるかもしれない』そう思った。朗読CDも一緒に借りた。毎日朗読CDを聞きながらカルトナージュの本を手本に作り続けた。耳からは言葉が入り込んできて、手元では本のハードカヴァーの手法を、時々失敗しながら、何時間もかけて学習している。その中で自分は本当に、本が好きなのだろうかと疑問を持ち始めた。本は好きだけど、本に教えられた事も沢山在るけれど、本と関わる事で痛い思いもした。本の裏側を知り過ぎた。好きであればあるほど、痛い思いもする。時々嫌いにもなる。だけど、どうしてか本からあっさりと立ち去ることが出来ない。本屋や、図書館で並んでいる本の背表紙は、思想や、ストーリーの墓標にも見えてくる。本が出来上がった時には、本に関わった人間はもう既に、次の事に手を付けはじめている。本人にはもう、完結してしまった思想であり、ストーリーなのだ。好きということは裏を返せば嫌いということでもある。表裏一体だ。私に何も教えてくれない、ただなんとなく印象がいいだけの読めない頁をちぎって燃やした。燃やしながら絵を描きはじめた。描きながら感じるのは火のパワー。日常で例えれば料理。一度終らせた上で、別の何かに変換していく。そんな変換力を感じる。私が扱うのはほんの小さな火。じわじわと本を焼いていく。時には燃え上がって灰になる。だけど、どんな小さな火にも、新しい息吹を吹き込む力を持っている。これを体感することが、製作の喜びと原動力になっている。

後書き

喫茶茶会記に関連してくださっている各位のプロファイル。如何でしたでしょうか？
人となり。
その実体は計り知れないもの。
表現からわずかに感じられるものかもしれません。
本書では文章で少しでも近づければと思いました。
Profile 1 。
今回の文章はわたくしの知人ではなく、喫茶茶会記に関わっている方のものです。
現在は無名の方もいるかもしれませんが、書いてくださった方も読んでくださった方も
後世、特権的体験となる自負がございます。いろいろと長期的に考えております。
わたしのかけがえのない店舗形成前からの深い仲間、
フルートの北山朝美さんやフラメンコギターの森光さん、オーディオ仲の小栗さん他多数に感謝します。
蔦の葉のデザインベースは五十嵐哲夫さんによる茶会記最初期の名刺からのものです。
関係各位に感謝申し上げます
先になるかもしてませんが、現在の主流派を含めまだ執筆していない方がかなりいます。2,3,4 と続きますので是非のご期待を。

喫茶茶会記　店主　福地　史人

喫茶茶会記　profile -1-

2017年12月23日発行

企画・編集　福地史人
構成・デザイン　西川祥子
協力　赤羽卓美

発行者　佐藤由美子
発行所　トランジスタ・プレス
〒160-0022 東京都新宿区新宿2-12-9 広洋舎ビル1階
カフェ・ラバンデリア内
TEL 03-3341-4845
transistor@k6.dion.ne.jp

印刷・製本　株式会社ルナテック
〒116-0011 東京都荒川区西尾久4-24-12
TEL 03-3800-6050

落丁本・乱丁本はお取り換え致します。
禁無断転載
© 喫茶茶会記

Printed in Japan

ISBN 978-4-902951-08-0
C0095¥2000E

喫茶茶会記 KISSA SAKAIKI

160-0015 新宿区大京町2-4 サウンドビル1F
TEL: 03-3351-7904
E-mail: sakaiki@modalbeats.com
URL: http://sakaiki.modalbeats.com